주 의

- 이 책은 동물들이 싸워서 상처를 입도록 하려는 것이 아니라, 배틀을 통해 동물의 성질과 능력을 알아가는 것을 목적으로 한다.

- 이 책의 배틀은 가상으로 꾸민 배틀이며 배틀의 결과도 이 책에서 나오는 대로 승패가 난다고 보장할 수 없다.

- 이 책에 등장하는 동물을 청코너, 홍코너로 구분하는 것은 승패의 표시를 보다 쉽게 구분하기 위한 것이다. 실제 권투 경기에서처럼 청코너가 도전자, 홍코너가 챔피언이라는 의미를 담고 있는 것은 아니다.

危險生物 最強王者 大図鑑

Copyright © 2017 by Tadaaki Imaizumi, G.B.company
Original Japanese edition published by Takarajimasha, Inc.
Korean translation rights © 2017 by Glsongi Co., Ltd
Korean translation rights arranged with Takarajimasha, Inc.
Through Carrot Korea Agency

이 책의 한국어판 저작권은 캐럿 코리아 에이전시를 통한 저작권자와의 독점 계약으로 ㈜글송이에 있습니다. 저작권법에 의하여 한국 내에서 보호를 받는 저작물이므로 무단 전재와 무단 복제를 금합니다.

2025년 9월 20일 초판 13쇄 펴냄

감수 · 이마이즈미 타다아키
옮김 · 박유미

펴낸이 · 이성호
펴낸곳 · ㈜글송이

편집/디자인 · 임주용, 최영미, 한나래, 권빈
마케팅 · 이성갑, 윤정명, 이현정, 문현곤, 이동준
경영지원 · 최진수, 이인석, 진승현

출판 등록 · 2012년 8월 8일 제2012-000169호
주소 · 서울시 서초구 능안말1길 1(내곡동)
전화 · 578-1560~1 **팩스** · 578-1562
이메일 · gsibook01@naver.com

ISBN 979-11-7018-377-8   74490
       979-11-7018-376-1   (세트)

*이 도서의 국립중앙도서관 출판시도서목록(CIP)은 서지정보유통지원시스템 홈페이지(http://seoji.nl.go.kr)와 국가자료공동목록시스템(http://www.nl.go.kr/kolisnet)에서 이용하실 수 있습니다.(CIP제어번호: CIP2017015489)

들어가는 글

★육지왕★
토너먼트 배틀

★수중왕★
토너먼트 배틀

★곤충왕★
토너먼트 배틀

가상 배틀로 만나는 동물 도감!

강력한 힘, 맹렬한 스피드를 지닌 야생 동물들! 그중 최강 동물왕은 누구일까?
지금부터 육지왕, 수중왕, 곤충왕을 가리는 치열한 토너먼트 배틀이 시작된다.
야생 동물은 사냥이나 세력 다툼, 암컷을 차지하기 위한 싸움을 제외하고는
목숨을 걸고 싸우는 일이 드물다. 그렇기 때문에 이번 배틀은 가상 배틀이 될 것이다.
가상 배틀이지만 동물들의 실제 행동, 특징, 능력, 습성 등 정확한 지식을 바탕으로
생생한 사진을 함께 수록하여 어린이들이 동물에 관해 학습할 수 있도록 했다.

규 칙

❶ 배틀 상대는 추첨을 통해 정한다.

❷ 배틀 출전 동물은 그 종에서 평균 크기의 수컷으로 정한다.

❸ 암컷의 전투력이 수컷보다 뛰어날 경우, 암컷이 출전한다.

❹ 두 출전자의 체격, 몸무게 등에서 큰 차이가 있더라도 약한 쪽에 유리한 조건을 부여하지 않는다.

❺ 배틀 무대는 동물들의 실제 서식지와 관계없이 정하며, 양측 어느 쪽에도 크게 불리하지 않도록 정한다.

❻ 날씨, 기온, 수온 등의 배틀 환경도 양측 어느 쪽에 큰 불이익을 주지 않도록 정한다.

❼ 주행성 동물과 야행성 동물이 대결할 경우, 두 출전자가 활발하게 활동할 수 있는 시간으로 정한다.

❽ 승패가 정해질 때까지 배틀 시간에 제한을 두지 않는다.

❾ 배틀 도중 큰 부상으로 인한 대결 불가능과 사망, 전의 상실로 인한 도망 등은 패배로 인정한다.

❿ 이전 배틀에서 받은 부상과 체력 저하는 다음 배틀에 영향을 주지 않는 것으로 본다.

• 기타 규칙

육식 동물은 먹이를 얻기 위해 다른 동물을 공격하는 '사냥'을 하지만, 초식 동물은 다른 동물을 죽이는 일이 비교적 적다. 하지만 이 책에서는 '사냥'을 하지 않는 동물들도 적극적으로 상대방에게 공격을 가하기로 한다.

이 책의 구성

• 동물 소개

청코너 — ① 예선 ① 라운드-1 / 육지왕 토너먼트 ② — **홍코너**

화가 나면 멈추지 않고 돌진하는 무적 탱크
흰코뿔소 ③
White rhinoceros
④ ★성인 남성과의 비교★

환상의 메가톤급 발차기 파이터
기린
Giraffe
★성인 남성과의 비교★

⑤ 코뿔소는 모두 5종이 있으며 아프리카에 2종, 아시아에 3종이 서식한다. 그중 아프리카에 서식하는 흰코뿔소가 가장 크다. 온순한 초식 동물이지만 화가 나면 동물의 왕 사자도 다가갈 수 없을 정도로 사나워진다. 갑옷처럼 딱딱한 피부로 싸인 거대한 몸은 2t이 넘으며 육지 동물 중 코끼리 다음으로 크다.

⑥ 파워 / 공격력 / 순발력 / 난폭성 / 지능 / 방어력

초식 동물이며 육지 동물 중 키가 가장 큰 동물이다. 온순하지만 수컷끼리 싸울 때는 긴 목을 휘둘러, 상대를 거칠게 공격한다. 기린은 시속 60km로 달릴 수 있을 정도로 다리 힘이 강하며, 다른 동물과 싸울 때는 이 다리가 중요한 무기로 사용된다. 화가 나면 딱딱한 발굽으로 적을 짓밟거나 세게 걷어차기도 한다.

파워 / 공격력 / 순발력 / 난폭성 / 지능 / 방어력

⑦
분류	포유류〉말목〉코뿔소과〉흰코뿔소속	서식지	남아프리카 초원, 동아프리카
식성	초식(풀, 나뭇잎)
무기	거대한 몸집, 날카로운 뿔
습성	온순하지만 화나면 들이박는 습성이 있다.
몸무게	2,000~3,600kg	몸길이	3.3~4.2m

분류	포유류〉소목〉기린과〉기린속	서식지	사하라 사막 아래 아프리카
식성	초식(나뭇잎, 잔가지, 과일)
무기	딱딱한 발굽, 강력한 발차기
습성	싸움을 좋아하지 많으며 경계심이 강하다.
몸무게	800~1,600kg	몸길이	4.5~6m

❶ **배틀 번호:** 몇 번째 배틀인지를 나타낸다.

❷ **배틀 부문:** 육지왕, 수중왕, 곤충왕 부문을 나타낸다.

❸ **동물 이름:** 한글과 영어로 표기한다.

❹ **성인 남성과의 비교:** 키 170cm의 성인 남성과 비교해 동물의 크기를 나타낸다.

❺ **동물 소개글:** 동물에 관한 주요 설명 및 습성과 능력을 소개한다.

❻ **레이더차트:** 파워, 공격력, 순발력, 난폭성, 지능, 방어력 등 동물의 능력을 평가해 한눈에 볼 수 있게 나타낸다.

❼ **정보:** 동물의 분류, 식성, 무기, 습성, 몸무게, 몸길이, 서식지를 나타낸다.

• 평가

예선, 준결승전, 결승전이 끝날 때마다 나오는 평가 페이지에서는 배틀의 승자, 최고의 장면, 아쉬웠던 점을 소개한다.

• 배틀 장면

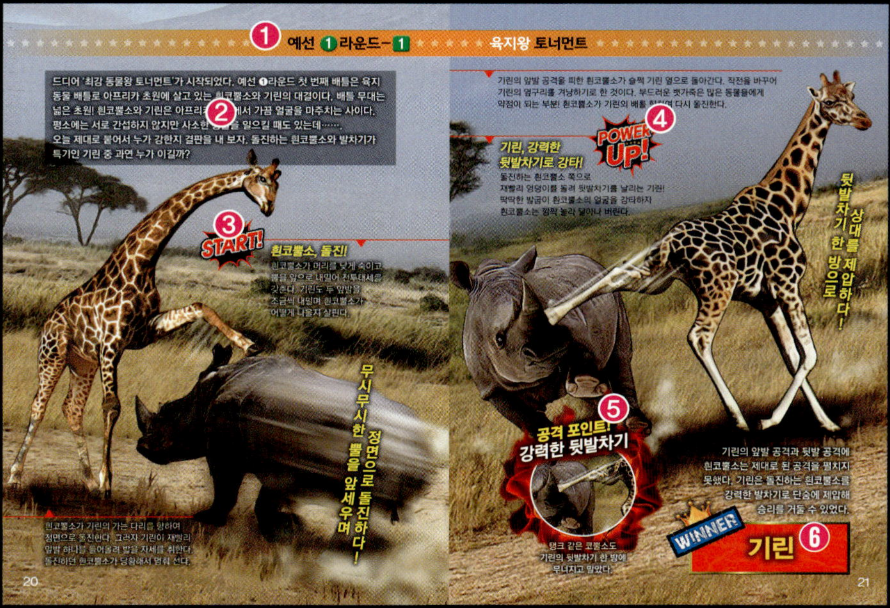

① 배틀 번호: 몇 번째 배틀인지를 나타낸다.

② 배틀 소개: 배틀 무대와 배경을 설명한다.

③ START!: 배틀의 시작을 알리고 배틀 초반의 장면을 설명한다.

④ POWER UP!: 승부를 결정짓는 필살기 공격 장면을 설명한다.

⑤ 공격 포인트: 배틀을 승리로 이끈 필살 공격의 핵심을 소개한다.

⑥ 승자 발표: 배틀 승자를 알려 준다.

• 동물 상식

동물의 3대 공격 무기, 체격 순위와 스피드 등 동물에 대한 흥미로운 상식과 유용한 정보를 살펴볼 수 있다.

★최강 육지왕 토너먼트 대진표

- ? | 1 라운드 - 1 승자
- ? | 1 라운드 - 2 승자
- ? | 1 라운드 - 3 승자
- ? | 1 라운드 - 4 승자
- ? | 1 라운드 - 5 승자
- ? | 1 라운드 - 6 승자
- ? | 1 라운드 - 7 승자
- ? | 1 라운드 - 8 승자
- ? | 1 라운드 - 9 승자
- ? | 1 라운드 - 10 승자

★스페셜 배틀 대진표 〈특수 능력전 & 단체전〉

특수 능력전

 전기뱀장어 **VS** 키로넥스플렉케리

육지 동물 단체전

 점박이하이에나 **VS** 회색늑대

곤충 단체전

 장수말벌 **VS** 군대개미

★스페셜 배틀 대진표 〈최강 멸종 동물 vs 최강 육지 동물〉

거대 동물전

 매머드 **VS** 최강 육지왕 우승 파이터 **?**

최고 포식자전

 티라노사우루스 **VS** 최강 육지왕 준우승 파이터 **?**

스페셜 배틀은 앞에서 진행된 육지왕, 수중왕, 곤충왕 배틀과는 다른 형식으로 진행된다. 첫 번째 스페셜 배틀에서는 전기뱀장어 같은 특수 능력 동물이 출전하는가 하면, 일대일 대결이라는 형식에서 벗어난 단체전도 펼쳐진다. 두 번째 스페셜 배틀에서는 과학과 첨단 그래픽 기술로 멸종 동물 가운데 거대 동물과 최고 포식자를 재현해 현재의 최강 육지 동물과 대결하게 한다. 승패를 예상하기가 한층 더 어려운 만큼 흥미진진한 무대가 펼쳐질 것이다.

차 례

4	들어가는 글
5	규칙
6	이 책의 구성
8	최강 육지왕 토너먼트 대진표
12	최강 수중왕 토너먼트 대진표
13	최강 곤충왕 토너먼트 대진표
14	스페셜 배틀 대진표

배틀

16	최강 육지왕 배틀 예선 ❶라운드
61	최강 육지왕 배틀 예선 ❷라운드
72	최강 육지왕 예선 평가
73	최강 수중왕 배틀 예선
92	최강 수중왕 예선 평가
93	최강 곤충왕 배틀 예선
110	최강 곤충왕 예선 평가
112	최강 동물왕 배틀 준결승전
130	최강 동물왕 준결승전 평가
131	스페셜 배틀 – 특수 능력전 & 단체전
144	스페셜 배틀 평가
145	최강 동물왕 배틀 결승전
152	최강 동물 배틀 최종 우승자
153	스페셜 배틀 – 최강 멸종 동물 VS 최강 육지 동물

동물 상식

58	동물의 3대 무기 – 발톱, 엄니, 뿔
60	동물의 체격 순위 – 육지, 수중, 곤충
90	동물의 다양한 무기
111	동물의 스피드 순위 – 달리기, 날기, 헤엄치기

최강 육지왕 배틀

예선 ① 라운드

배틀 1 — 18~21p
청코너  흰코뿔소 VS  홍코너 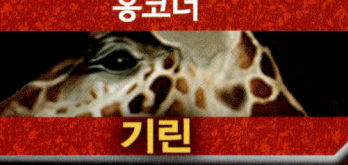 기린

배틀 2 — 22~25p
청코너  아프리카코끼리 VS  홍코너  알래스카불곰

배틀 3 — 26~29p
청코너  바다악어 VS  홍코너  악어거북

배틀 4 — 30~33p
청코너 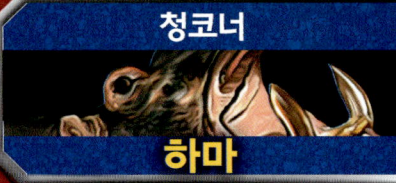 하마 VS  홍코너  아메리카들소

배틀 5 — 34~37p
청코너  수리부엉이 VS  홍코너  코모도왕도마뱀

아프리카코끼리를 비롯한 거대 몸집의 동물들이 최강 육지왕 후보로 유력하다. 그러나 실제 자연에서 사자가 자신보다 체격이 우월한 상대를 사냥해 잡아먹거나, 킹코브라가 코끼리를 죽이는 것을 보면 몸집이 큰 동물이 반드시 우승한다고 장담할 수는 없다.

청코너   예선 **1** 라운드 - **1**

화가 나면 멈추지 않고 돌진하는 무적 탱크
흰코뿔소
White rhinoceros

★ 성인 남성과의 비교 ★

코뿔소는 모두 5종이 있으며 아프리카에 2종, 아시아에 3종이 서식한다. 그중 아프리카에 서식하는 흰코뿔소가 가장 크다. 온순한 초식 동물이지만 화가 나면 동물의 왕 사자도 다가갈 수 없을 정도로 사나워진다. 갑옷처럼 딱딱한 피부로 싸인 거대한 몸은 2t이 넘으며 육지 동물 중 코끼리 다음으로 크다.

파워 / 공격력 / 순발력 / 난폭성 / 지능 / 방어력

분류	포유류>말목>코뿔솟과>흰코뿔소속
식성	초식(풀, 나뭇잎)
무기	거대한 몸집, 날카로운 뿔
습성	온순하지만 화나면 들이박는 습성이 있다.
몸무게	2,000~3,600kg
몸길이	3.3~4.2m

서식지: 남아프리카 초원, 동아프리카

육지왕 토너먼트 — 홍코너

환상의 메가톤급 발차기 파이터
기린
Giraffe

★ 성인 남성과의 비교 ★

파워 / 방어력 / 공격력 / 지능 / 순발력 / 난폭성

초식 동물이며 육지 동물 중 키가 가장 큰 동물이다. 온순하지만 수컷끼리 싸울 때는 긴 목을 휘둘러 상대를 거칠게 공격한다. 기린은 시속 60km로 달릴 수 있을 정도로 다리 힘이 강하며, 다른 동물과 싸울 때는 이 다리가 중요한 무기로 사용된다. 화가 나면 딱딱한 발굽으로 적을 짓밟거나 세게 걷어차기도 한다.

분류	포유류＞소목＞기린과＞기린속
식성	초식(나뭇잎, 잔가지, 과일)
무기	딱딱한 발굽, 강력한 발차기
습성	싸움을 좋아하지 않으며 경계심이 강하다.
몸무게	800~1,600kg
몸길이	4.5~6m

서식지: 사하라 사막 아래 아프리카

예선 1 라운드-1

드디어 '최강 동물왕 토너먼트'가 시작되었다. 예선 ①라운드 첫 번째 배틀은 육지 동물 배틀로 아프리카 초원에 살고 있는 흰코뿔소와 기린의 대결이다. 배틀 무대는 넓은 초원! 흰코뿔소와 기린은 아프리카 초원에서 가끔 얼굴을 마주치는 사이다. 평소에는 서로 간섭하지 않지만 사소한 충돌을 일으킬 때도 있는데……. 오늘 제대로 붙어서 누가 강한지 결판을 내 보자. 돌진하는 흰코뿔소와 발차기가 특기인 기린 중 과연 누가 이길까?

START!

흰코뿔소, 돌진!

흰코뿔소가 머리를 낮게 숙이고 뿔을 앞으로 내밀어 전투태세를 갖춘다. 기린도 두 앞발을 조금씩 내밀며 흰코뿔소가 어떻게 나올지 살핀다.

무시무시한 뿔을 앞세우며 정면으로 돌진하다!

흰코뿔소가 기린의 가는 다리를 향하여 정면으로 돌진한다. 그러자 기린이 재빨리 앞발 하나를 들어올려 밟을 자세를 취한다. 돌진하던 흰코뿔소가 당황해서 멈춰 선다.

★★ 육지왕 토너먼트 ★★

기린의 앞발 공격을 피한 흰코뿔소가 슬쩍 기린 옆으로 돌아간다. 작전을 바꾸어 기린의 옆구리를 겨냥하기로 한 것이다. 부드러운 뱃가죽은 많은 동물들에게 약점이 되는 부분! 흰코뿔소가 기린의 배를 향하여 다시 돌진한다.

기린, 강력한 뒷발차기로 강타!

돌진하는 흰코뿔소 쪽으로 재빨리 엉덩이를 돌려 뒷발차기를 날리는 기린! 딱딱한 발굽이 흰코뿔소의 얼굴을 강타하자 흰코뿔소는 깜짝 놀라 달아나 버린다.

POWER UP!

뒷발차기 한 방으로 상대를 제압하다!

공격 포인트! 강력한 뒷발차기

탱크 같은 코뿔소도 기린의 뒷발차기 한 방에 무너지고 말았다.

기린의 앞발 공격과 뒷발 공격에 흰코뿔소는 제대로 된 공격을 펼치지 못했다. 기린은 돌진하는 흰코뿔소를 강력한 발차기로 단숨에 제압해 승리를 거둘 수 있었다.

WINNER: 기린

청코너   예선 **1** 라운드-**2**

세계 최대의 육지 동물
아프리카코끼리
African bush elephant

★ 성인 남성과의 비교 ★

코끼리는 육지 동물 중 몸집이 가장 크며, 아프리카에 2종, 아시아에 1종이 서식한다. 그중 몸집이 가장 큰 코끼리는 아프리카코끼리다. 온순한 초식 동물이지만 화가 나면 무엇이든 가리지 않고 발로 짓밟아 버린다. 코끼리는 개보다 후각이 뛰어나며, 수백kg을 들어 올릴 수 있을 정도로 힘이 세다.

파워 / 공격력 / 순발력 / 난폭성 / 지능 / 방어력

분류	포유류>장비목>코끼리과>아프리카코끼리속
식성	초식(풀, 나뭇잎, 나무뿌리, 과일 등)
무기	거대한 몸집, 강한 힘, 긴 엄니
습성	화가 나면 갑자기 사납게 변한다.
몸무게	6,000~12,000kg
몸길이	6~7.5m

서식지: 사하라 사막 아래 아프리카

육지왕 토너먼트 — 홍코너

강력한 주먹을 가진 북극의 사냥꾼
알래스카불곰
Alaskan brown bear

★ 성인 남성과의 비교 ★

파워 / 방어력 / 지능 / 난폭성 / 순발력 / 공격력

불곰은 일본 북해도, 유럽과 아시아, 북아메리카 지역에 서식한다. 그중 몸집이 가장 크고 힘이 센 것은 알래스카불곰이다. 알래스카불곰은 힘이 세고 앞발 발톱이 매우 날카로워 사냥감을 산 채로 뜯어 먹을 수 있다. 주로 육식을 하며, 바다사자, 말코손바닥사슴 같은 큰 동물을 잡아먹기도 한다.

분류	포유류＞식육목＞곰과＞큰곰속
식성	잡식(주로 육식을 하며 식물도 먹는다.)
무기	15cm나 되는 날카로운 발톱
습성	배가 고프면 어떤 동물이든 잡아먹는다.
몸무게	500~780kg
몸길이	2.5~2.8m

서식지: 알래스카 남부 해안가, 코디액 섬 등

예선 1 라운드-2

START!

알래스카불곰, 위협 작전!
자신보다 덩치가 큰 코끼리를 본 알래스카불곰이 자신을 크게 보이려고 두 발로 일어서서 으르렁거리기 시작한다.

긴 코를 휘두르며 상대를 위협하다!

아프리카코끼리가 큰 귓불을 좌우로 펼치고 코를 높이 들어 올린다. 이것은 아프리카코끼리의 위협 자세! '덤빌 테면 덤벼 봐.'라는 뜻이다.

예선 ❶라운드 두 번째 배틀은 사실상 결승전이라고도 할 수 있을 만큼 기대되는 배틀이다. 아프리카코끼리와 알래스카불곰은 사는 곳이 다르기 때문에 실제 자연에서는 만날 일이 거의 없다. 하지만 싸움을 하게 된다면 누가 이길지 궁금하다. 이번 배틀 무대 역시 푸른 초원이다.

육지왕 토너먼트

아프리카코끼리, 강렬하게 반격!

서로 조금씩 전진하던 중 갑자기 알래스카불곰이 강력한 펀치 한 방을 날린다. 아프리카코끼리는 코에 상처를 입고 화가 나서 폭발해 버린다.

알래스카불곰이 앞발로 아프리카코끼리의 코를 때리고 물어뜯으며 먼저 공격을 시작한다. 하지만 화가 난 아프리카코끼리가 알래스카불곰을 쓰러뜨리고 짓밟자 겁을 먹은 알래스카불곰이 겨우 몸을 피해 달아난다.

분노의 짓밟기 공격에 처참히 당하다!

공격 포인트! 분노의 짓밟기

거대한 코끼리 몸을 지탱하는 굵은 다리에 짓밟히면 어떤 동물도 살아남기 힘들 것이다.

알래스카불곰의 강렬한 펀치도 자신보다 20배나 무거운 아프리카코끼리의 파워 앞에서는 꼼짝을 못했다. 아프리카코끼리가 압도적인 힘으로 승리했다.

WINNER: 아프리카코끼리

청코너   예선 **1** 라운드 - **3**

물가의 최강 헌터
바다악어
Salt-water crocodile

★ 성인 남성과의 비교 ★

악어는 1억 년이 넘는 오랜 시간 동안 모습이 거의 변하지 않아 '살아 있는 화석'이라고 불린다. 악어 중에서 가장 크고 강한 악어는 바다악어이다. 물가나 하구(강물이 바다로 흘러 들어가는 어귀)에 서식하며 바닷물과 강물 어디에서든 살 수 있다. 물속에 몸을 숨기고 있다가 물가로 다가오는 육지 동물을 덮친다.

파워 / 공격력 / 순발력 / 난폭성 / 지능 / 방어력

분류	파충류>악어목>크로커다일과>크로커다일속
식성	육식(모든 동물)
무기	날카로운 이빨, 강인한 턱
습성	매우 사나우며 악어를 잡아먹기도 한다.
몸무게	500~1,200kg
몸길이	5~7m

서식지: 남아시아, 동남아시아, 오스트레일리아 남부

| 육지왕 토너먼트 | 홍코너 |

★ 성인 남성과의 비교 ★
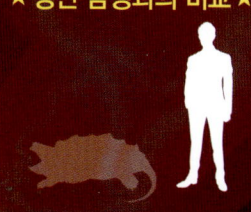

호수와 늪에 사는 작은 괴물
악어거북
Alligator snapping turtle

악어거북은 약 300종의 거북 중 몸집이 크고 힘도 센 편이다. 등딱지가 매우 딱딱하고, 악어의 등처럼 뾰족한 돌기로 덮여 있다. 우락부락한 생김새 때문에 호수의 작은 괴물로 불리며, 일본 괴물 영화의 모델이 되기도 했다. 씹는 힘이 아주 강해서 다른 종류의 거북이나 껍데기가 단단한 조개도 잘 씹어 먹는다.

파워 / 공격력 / 순발력 / 난폭성 / 지능 / 방어력

분류	파충류>거북목>늑대거북과>악어거북속
식성	잡식(주로 육식을 하며 과일도 먹는다.)
무기	강인한 턱, 예리한 발톱
습성	매우 사납지는 않지만 신경질적이다.
몸무게	60~183kg
몸길이	50~80.8cm

서식지: 아메리카 남동부

예선 1 라운드 - 3

세 번째 배틀은 파충류들의 대결로, 두 파이터 모두 이름에 '악어'가 들어 있다. 수중전에 뛰어난 두 파이터를 위해 배틀 무대는 호수와 늪지대로 결정! 체격과 힘에서 압도적으로 우위를 차지하는 바다악어 쪽이 유리하다고 생각하겠지만 악어거북도 '악어'라는 이름이 붙어 있는 것을 보면 무시할 수만은 없을 것이다.

START!

악어거북, 경계 태세!
악어거북은 자신보다 훨씬 큰 바다악어를 보고 물 밑에서 경계 태세를 갖춘다. 그 모습을 본 바다악어는 긴 꼬리를 흔들며 다가가서 악어거북의 등딱지를 물어 버린다.

방심한 재빠르게 공격하다! 틈을 타서

악어거북의 등딱지를 우습게 봤던 바다악어! 하지만 너무 딱딱한 악어거북의 등딱지에 놀라 입을 떼고 만다. 바로 그때, 악어거북이 바다악어의 발가락을 물어뜯는다.

육지왕 토너먼트

바다악어, 등딱지 공격!

발가락 하나를 잃고 잠시 기가 꺾였던 바다악어! 하지만 그깟 일로 공격을 포기할 바다악어가 아니다.

바다악어가 다시 한번 등딱지를 공격한다. 드디어 악어거북의 등딱지가 벗겨지고, 바다악어의 이빨이 파고들어 악어거북의 목을 찢어 버린다.

POWER UP!

딱딱한 등딱지의 빈틈을 파고들다!

악어거북은 머리가 너무 커서 등딱지 속으로 머리를 넣을 수 없다. 바로 그 점이 패배의 원인! 그런데 배틀에서 승리한 바다악어가 다음 라운드를 준비하지 않고 사라져 버렸다. 왜 사라져 버린 걸까?

WINNER 바다악어

공격 포인트! 절대 놓지 않는 턱

바다악어는 사냥감을 물어서 돌리는 것이 특기라고 할 정도로 턱 힘이 세다. 대단한 바다악어의 턱 공격에 악어거북이 패한 것이다.

청코너 | 예선 **1** 라운드-**4**

악어도 두려워하는 강의 지배자
하마
Hippopotamus

★ 성인 남성과의 비교 ★

하마는 코뿔소와 함께 코끼리 다음으로 몸집이 거대한 육지 동물이다. 초식 동물이지만 성격이 사나워 악어나 사슴을 잡아먹기도 한다. 아프리카 맹수 중 사람들에게 가장 많은 피해를 주는 동물이다. 물속에 있는 경우가 많으며, 무거운 몸에도 불구하고 육지에서 시속 50km의 빠른 속도로 달릴 수 있다.

파워 / 공격력 / 순발력 / 난폭성 / 지능 / 방어력

분류	포유류>소목>하마과>하마속
식성	초식(때로는 동물을 잡아먹기도 한다.)
무기	거대한 입, 날카로운 엄니
습성	매우 사나우며 침입자를 무참히 공격한다.
몸무게	2,000~3,200kg
몸길이	3.5~4.2m

서식지: 사하라 사막 아래 아프리카

| 육지왕 토너먼트 | 홍코너 |

초원 위의 폭주 트럭
아메리카들소
American bison

★ 성인 남성과의 비교 ★

1t이 넘는 거대한 몸집의 아메리카들소 수컷은 운동 능력이 매우 뛰어나다. 시속 65km로 빠르게 달릴 수 있고 2m나 높이 점프할 수도 있다. 평소에는 초식 동물답게 온순한 편이다. 하지만 짝짓기를 할 때는 암컷을 차지하기 위해 수컷끼리 격렬한 박치기 대결을 펼치는 등 엄청난 파괴력을 발휘한다.

파워 / 공격력 / 순발력 / 난폭성 / 지능 / 방어력

분류	포유류>소목>솟과>들소속
식성	초식(풀, 나뭇잎, 싹, 나무껍질)
무기	강력한 박치기가 가능한 짧은 뿔
습성	온순하지만 흥분하면 난폭해진다.
몸무게	800~1,700kg
몸길이	3~3.5m

서식지: 캐나다 서부, 아메리카 중서부

예선 1 라운드 - 4

이번에도 실제 자연에서는 서로 마주칠 일이 없는 동물들의 배틀이다. 배틀 무대는 초원! 아메리카들소보다 몸집이 크고 성격도 사나운 하마에게 유리한 배틀이다. 하지만 아메리카들소의 박치기도 상당한 파괴력이 있기 때문에 어떤 결과가 나올지는 아무도 예상할 수 없다.

공포의 엄니 공격을 겨우 피하다!

하마, 선제 공격!

싸움은 초원에서 시작되었다. 겁이 많은 아메리카들소를 향해 하마가 먼저 공격을 가한다. 하마는 빠른 걸음으로 아메리카들소에게 다가가더니 입을 크게 벌려 물려고 한다.

아메리카들소는 뒷걸음질을 쳐 하마의 공격을 피한다. 하지만 하마의 엄니에 긁혀 얼굴에 상처가 나고 만다. 하마의 아래턱에 있는 엄니는 50cm가 넘을 정도로 길어서 제대로 물린다면 뼈가 으스러질 수도 있다.

육지왕 토너먼트

아메리카들소, 뿔 공격!

아메리카들소는 하마의 엄니 공격을 피하려고 뒷걸음질 쳤다. 하마의 승리로 끝나겠다고 생각하는 순간, 아메리카들소가 하마에게 돌진한다. 자신의 특기인 박치기로 하마의 머리를 공격하는 아메리카들소!

하마가 아메리카들소의 뿔을 피하려고 얼굴을 돌리자 아메리카들소의 뿔이 하마의 목에 박히고 만다. 고통을 참지 못하고 연못으로 달아나는 하마!

POWER UP!

기세등등하던 하마가 무너지는 순간이다!

공격 포인트! 격렬한 뿔 박치기

아메리카들소 수컷들은 서로 뿔을 부딪치며 싸운다. 이들의 싸움은 하마도 기가 죽을 정도로 격렬하다.

하마의 몸은 3~4cm 두께의 피부와 4~7cm 두께의 지방으로 싸여 있어서 치명상을 입지는 않았을 것이다. 하지만 하마의 자존심에는 큰 상처를 입은 배틀이 되었을 것이다.

WINNER 아메리카들소

청코너 | 예선 **1**라운드 - **5**

어두운 밤하늘을 누비는 침묵의 암살자
수리부엉이
Eurasian eagle owl

★ 성인 남성과의 비교 ★

날개를 펼치면 2m나 되는 수리부엉이는 성질이 사납고 육식을 하는 새다. 야행성으로 어두운 곳에서도 잘 볼 수 있는 눈과 작은 소리도 알아차릴 수 있는 민감한 귀를 가졌다. 소리를 내지 않고 날 수 있어서 사냥에 매우 유리하다. 사냥한 동물은 갈고리 모양의 날카로운 부리를 이용해 뜯어 먹는다.

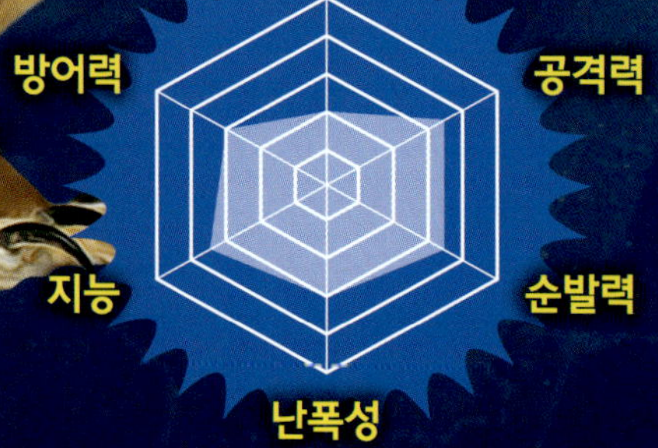

파워 / 방어력 / 공격력 / 지능 / 순발력 / 난폭성

분류	조류>올빼미목>올빼밋과>수리부엉이속
식성	육식(쥐처럼 작은 동물, 새 등)
무기	날카로운 발톱과 부리
습성	사납지만 사람을 따르기도 한다.
몸무게	3~4.2kg
몸길이	1.5~1.8m

서식지: 유럽, 아시아

육지왕 토너먼트 | 홍코너

남쪽 바다의 거대 도마뱀
코모도왕도마뱀
Komodo Dragon

★ 성인 남성과의 비교 ★

코모도왕도마뱀은 도마뱀 중에서 가장 크고 강력한 도마뱀이다. 공룡을 닮아서 '코모도드래곤'이라고도 부른다. 날카로운 발톱과 톱니 모양의 이빨이 무기다. 큰 동물을 공격할 때는 다리를 물어 이빨 사이에 있는 독샘에서 독을 뿜는다. 독이 퍼진 사냥감이 힘을 잃고 쓰러질 때까지 며칠 동안 쫓아다니기도 한다.

스탯: 파워, 공격력, 순발력, 난폭성, 지능, 방어력

분류	파충류>뱀목>왕도마뱀과>왕도마뱀속
식성	육식(사슴, 멧돼지, 물소 등)
무기	날카로운 발톱과 이빨, 이빨 사이의 독
습성	사냥할 때 외에는 잘 움직이지 않는다.
몸무게	50~70kg
몸길이	2~3m

서식지: 인도네시아 코모도 섬과 주변 섬

예선 1 라운드 - 5

START!

수리부엉이, 무시무시한 발톱 공격!

코모도왕도마뱀이 혀를 날름거리면서 천천히 걸어간다. 공기 중에 떠도는 냄새 물질을 혀로 느끼면서 주위를 살피는 중이다. 그러나 머리 위에 수리부엉이가 있다는 것은 모르고 있다.

수리부엉이가 빠른 속도로 내려왔다. 하지만 소리가 나지 않아 코모도왕도마뱀은 알아차리지 못한다. 수리부엉이는 순식간에 날카로운 발톱으로 코모도왕도마뱀의 눈을 찌른다.

조용히 나타나 적의 눈을 공격하다!

조류와 파충류가 펼치는 최초의 배틀이다. 배틀 무대는 어두운 밤, 숲이다. 배틀 무대가 야행성인 수리부엉이에게 유리해 보이지만, 코모도왕도마뱀의 체격이 월등히 크기 때문에 배틀 무대로 인정되었다. 먼저 무대에 입장한 수리부엉이가 높은 가지에 앉아 코모도왕도마뱀을 기다리고 있다.

육지왕 토너먼트

코모도왕도마뱀, 딱딱한 꼬리로 강타!

POWER UP!

코모도왕도마뱀의 눈에서 피가 흐른다. 코모도왕도마뱀이 고통스러워하며 목을 크게 흔들자 수리부엉이가 땅바닥에 내던져지고 만다.

수리부엉이가 다시 공격하려는 순간, 코모도왕도마뱀이 꼬리를 휘둘러 수리부엉이를 내리친다. 그리고 땅에 떨어진 수리부엉이를 큰 턱으로 물어 버린다. 수리부엉이는 더 이상 움직일 수가 없다.

코모도왕도마뱀은 날카로운 발톱과 이빨, 무시무시한 독과 꼬리를 무기로 지닌 살육 동물이다. 그런 코모도왕도마뱀에 맞서 잘 싸워 준 수리부엉이에게도 박수를 보낸다.

WINNER: 코모도왕도마뱀

공격 포인트! 꼬리로 채찍질하기

코모도왕도마뱀의 강력한 한 방에 수리부엉이는 큰 부상을 입고 쓰러졌다.

청코너   예선 ① 라운드-6

아마존에 서식하는 뱀의 왕
아나콘다
Eunectes

★ 성인 남성과의 비교 ★

세계에서 가장 큰 뱀인 아나콘다는 주로 물속에서 생활한다. 아나콘다는 자신보다 몸집이 큰 먹잇감을 삼킬 수 있을 정도로 턱 근육이 매우 발달되어 있다. 사람의 몸통만큼이나 굵은 몸으로 사냥감을 친친 감아 질식사시킨다. 막강한 힘으로 사슴이나 악어 같은 큰 동물도 잡아먹는다.

분류	파충류>뱀목>보아과>아나콘다속
식성	육식(어류, 양서류, 조류, 포유류)
무기	긴 몸통으로 사냥감을 조르는 괴력
습성	입으로 들어오는 것은 모두 먹어 치운다.
몸무게	100~227kg
몸길이	5~9m

서식지: 남아메리카 열대 우림

육지왕 토너먼트 — 홍코너

맹수도 두려움에 떨게 하는 날카로운 가시
갈기산미치광이
Cape porcupine

★ 성인 남성과의 비교 ★

등에 난 가시는 털이 변형된 것으로 매우 단단하다. 육식 동물이 무심코 갈기산미치광이를 삼켰다가 내장에 가시가 박혀 죽는 경우도 있다. 적을 만나면 뾰족한 가시를 곤두세우고 달려들어 쫓아 버린다. 몸집은 작지만 강력한 무기인 가시를 지닌 덕분에 몸집이 큰 동물들로부터 자신을 보호할 수 있다.

능력치: 파워 / 공격력 / 순발력 / 난폭성 / 지능 / 방어력

분류	포유류 > 쥐목 > 산미치광이과
식성	잡식(곤충, 과일)
무기	단단하고 뾰족한 가시
습성	거대 동물도 위협할 정도로 공격적이다.
몸무게	10~24kg
몸길이	0.6~0.8m

서식지: 아프리카 초원

예선 1 라운드 - 6

아나콘다, 빈틈 공략!
아나콘다는 굵은 몸으로 갈기산미치광이를 휘감으려고 한다. 하지만 갈기산미치광이의 가시가 너무 뾰족하고 단단해서 감을 수가 없다. 갈기산미치광이는 가시를 세우고 엉덩이를 아나콘다 쪽으로 내밀어 필사적으로 방어한다.

뾰족한 가시로 방어할 수 있을까?

공격을 하다가 지친 아나콘다는 갈기산미치광이의 다리에 가시가 적다는 사실을 눈치채고 다리를 물어 물에 빠뜨려 버린다.

거대한 체구의 파충류와 몸집이 작은 포유류가 붙는 흥미로운 배틀이다.
주로 물속에서 생활하는 아나콘다를 위해 배틀 무대는 초원의 물가로 결정되었다.
아나콘다는 자신의 굵고 긴 몸으로 사냥감을 휘감아서 질식사시킨 후 통째로 삼키는 것이 특기이다. 갈기산미치광이는 등에 난 가시로 몸을 보호하는 방어의 달인이지만 맹수를 공격하는 사나운 기질도 가지고 있어 이들의 배틀 결과가 정말 궁금하다.

육지왕 토너먼트

POWER UP!

갈기산미치광이, 최후의 몸부림!

갈기산미치광이가 물에 빠져 죽었으니 아나콘다의 승리일까? 결과는 의외였다. 아나콘다가 숨통이 끊어진 갈기산미치광이를 물에서 끄집어내 통째로 삼키기 시작한다.

갈기산미치광이를 삼킨 아나콘다가 갑자기 몸을 뒤틀며 고통스러워하더니 결국에는 숨이 끊어지고 만다. 결과는 양측 모두 사망하여 무승부가 되었다.

사냥감을 통째로 삼키다!

공격 포인트! 통째로 삼키기

탐욕스러운 포식자 아나콘다는 사냥감을 제대로 먹지도 못하고 자신의 탐욕으로 인해 죽음을 맞이했다.

부검 결과, 갈기산미치광이의 무수한 가시가 아나콘다의 내장을 뚫었다는 것이 확인되었다. 싸움에서는 갈기산미치광이가 한 수 아래였지만, 방어 수단인 가시의 위력이 죽어서도 발휘된 셈이다.

WINNER: 무승부

청코너 — 예선 1라운드-7

초원을 누비는 동물의 왕
사자
Lion

★ 성인 남성과의 비교 ★

사자는 강한 턱, 날카로운 이빨, 시속 50km가 넘는 스피드로 혼자서도 거대 초식 동물을 잡을 수 있다. 주로 암컷들이 전략을 세워 사냥하는 것으로 유명하다. 몇몇 암컷이 사냥감을 몰면, 숨어 있던 암컷들이 빠르게 돌진해 덮친다. 수컷은 무리를 이끌고 세력을 지키는 리더가 되기 위해 수컷끼리 격렬하게 싸운다.

파워 / 방어력 / 공격력 / 지능 / 순발력 / 난폭성

분류	포유류>식육목>고양잇과>표범속
식성	육식(얼룩말 등의 포유류)
무기	날카로운 발톱과 이빨
습성	영역에 침입한 동물을 위협하고 죽인다.
몸무게	150~250kg
몸길이	1.7~2.7m

서식지 아프리카, 인도 서북부

| 육지왕 토너먼트 | 홍코너 |

괴력을 자랑하는 밀림의 왕

마운틴고릴라
Mountain gorilla

★ 성인 남성과의 비교 ★

성격이 온순하여 상대를 먼저 공격하지 않는 편이다. 하지만 화가 나면 괴력을 발휘하기도 한다. 위험이 닥쳤을 때는 양손으로 가슴을 두드리며 적을 위협하는데, 이때 가슴을 두드리는 소리가 4km 밖에까지 들린다. 근육이 잘 발달되어 있고 악력(손아귀 힘)이 400~500kg으로 추정된다.

파워 / 공격력 / 순발력 / 난폭성 / 지능 / 방어력

분류	포유류>영장목>사람과>고릴라속
식성	잡식(과일, 식물, 곤충 등)
무기	팔과 턱의 괴력
습성	경계심이 강하고 예민하다.
몸무게	120~240kg
몸길이	1.2~1.8m

서식지: 적도 아래 아프리카

예선 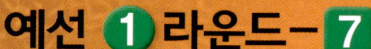 라운드-7

드디어 동물의 왕 사자가 등장했다. 상대는 밀림의 왕 마운틴고릴라!
사자는 싸움 경험이 많은 사나운 육식 동물인 반면 마운틴고릴라는 싸움을 싫어하는 온순한 동물이다. 그래서 이번 배틀에서는 사자가 유리할 것으로 예상된다.
하지만 마운틴고릴라가 우람한 근육에서 괴력을 뿜어내 사자의 다리나 등뼈에 상처를 낸다면 이길 수도 있지 않을까?

사자 펀치 VS 고릴라 펀치 START!

사자가 마운틴고릴라를 향해 맹렬하게 돌진한다. 마운틴고릴라는 으르렁거리며 사자를 위협하지만, 사자는 주저하지 않고 정면으로 덤벼든다.

마운틴고릴라가 사자를 밀쳐 내며 세차게 펀치를 퍼붓는다.
사자도 앞발로 펀치를 퍼부으며 공격한다. 막상막하의 펀치 대결!

육지왕 토너먼트

사자, 엄니 공격!

사자가 날리는 펀치에 마운틴고릴라가 상처를 입었다. 길고 날카로운 사자의 발톱이 마운틴고릴라의 살갗을 할퀸 것이다. 마운틴고릴라의 발톱은 둥근 모양으로 사람의 손톱과 비슷하다. 이런 발톱은 무기가 될 수 없다.

사자의 엄니 공격에 비명을 지르다!

덮치는 사자를 마운틴고릴라가 팔로 방어하자, 사자의 날카로운 엄니가 마운틴고릴라의 팔을 파고든다. 마운틴고릴라는 비명을 지르며 달아난다.

공격 포인트! 엄니로 살갗 찢기

사자는 날카로운 발톱과 엄니라는 강력한 무기를 가지고 있다. 이번에는 엄니가 위력을 발휘한 것이다.

배틀 초반, 사자와 막상막하의 대결을 펼치던 마운틴고릴라가 결국에는 패했다. 하지만 마운틴고릴라는 지능이 높아서 돌이나 나뭇가지를 무기로 사용할 수 있었다면 승패는 달라졌을지도 모른다.

WINNER: 사자

청코너 | 예선 1 라운드 - 8

세계 최대의 독뱀
킹코브라
King cobra

★ 성인 남성과의 비교 ★

세계 최대의 독뱀인 킹코브라는 주로 다른 뱀을 잡아먹고 산다. 적을 만나면 머리를 쳐들고 위협적인 자세를 취한다. 이때 들어 올린 머리의 높이는 어른의 키와 비슷하다. 한 번에 많은 독을 내뿜을 수 있으며 그 위력은 코끼리를 단번에 죽일 수 있을 정도다. 독뱀 중의 왕이라는 명성에 어울리는 위력이다.

- **분류**: 파충류>뱀목>코브라과>킹코브라속
- **식성**: 육식(뱀을 비롯한 파충류)
- **무기**: 코끼리도 쓰러뜨리는 맹독
- **습성**: 사냥감을 발견하면 조심스럽게 다가간다.
- **몸무게**: 9~12kg
- **몸길이**: 3.6~5.7m

서식지: 인도, 동남아시아, 중국 남부

파워 / 공격력 / 순발력 / 난폭성 / 지능 / 방어력

육지왕 토너먼트 — 홍코너

귀신 같은 스피드를 자랑하는 황금 날개
검독수리
Golden eagle

★ 성인 남성과의 비교 ★

파워 / 공격력 / 순발력 / 난폭성 / 지능 / 방어력

검독수리는 성질이 사납고 육식을 하는 새다. 시속 240km가 넘는 속도로 날 수 있을 만큼 비행 능력이 뛰어나다. 시력이 매우 좋아서 1km 앞에 있는 작은 사냥감도 찾아낼 수 있다. 작은 동물을 강력한 발로 졸라 죽이거나 염소를 절벽에서 떨어뜨린 후 잡아먹는 지능적인 사냥꾼이다.

분류	조류>수리목>수릿과>검독수리속
식성	육식(포유류, 파충류)
무기	100kg을 넘는 악력
습성	영리하고 사납다.
몸무게	4~7kg
몸길이	1.5~2.1m

서식지: 아프리카, 유럽, 아시아, 북아메리카

47

예선 1 라운드 - 8

뒤통수를 향해 초스피드로 돌진하다!

검독수리, 공중 발차기로 킹코브라의 머리 강타!
검독수리가 킹코브라의 머리 위를 맴돌며 빈틈을 노리고 있다. 킹코브라도 목을 쳐들어 검독수리의 움직임을 쫓는다.

START!

검독수리는 킹코브라의 뒤쪽으로 슬쩍 돌아가더니 빠른 속도로 내려오기 시작한다. 그리고 킹코브라의 뒤통수를 향해 날카로운 발톱이 달린 발로 발차기를 날린다.

수리부엉이와 코모도왕도마뱀의 배틀에 이어서 조류와 파충류의 배틀이 또 한 번 펼쳐진다. 머리 위에서 공격해 오는 검독수리에 대항해 킹코브라가 어떤 공격을 펼칠지 궁금하다. 또 독을 뿜어내는 킹코브라의 공격을 검독수리가 어떻게 피할지도 기대된다.

육지왕 토너먼트

POWER UP!

킹코브라, 공격 실패!

검독수리가 땅에 내려앉더니 날개를 펴고 위협한다. 추가 공격을 퍼부을 태세다. 킹코브라는 이때를 기회로 삼아 독을 뿜어낸다. 그러나 검독수리가 재빠르게 날아올라 킹코브라의 공격을 피한다.

필살 공격에 쓰러지다!

검독수리는 다시 킹코브라의 뒤로 다가가더니 이번에는 킹코브라의 머리를 움켜쥔다. 그리고 날카로운 엄지발톱으로 치명상을 입힌다.

공격 포인트! 숨통을 끊는 괴력

악력이 100kg이 넘는 발로 킹코브라를 잡는 순간, 검독수리의 발톱이 칼처럼 살갗을 파고들었다.

파충류와 조류의 대결에서 이번에는 조류가 승리했다. 검독수리는 자신의 특기인 악력을 이용해 멋진 대결을 펼쳐 주었다. 육지 동물 ❷라운드에서도 멋진 공격을 기대해 보자.

WINNER 검독수리

청코너 　　　　　　　　　　　　　　　　예선 **1** 라운드 - **9**

북극을 지배하는 거대 육식 동물
북극곰
Polar bear

★ 성인 남성과의 비교 ★

파워 / 공격력 / 순발력 / 난폭성 / 지능 / 방어력

북극의 최강 포식자! 강력한 앞발 펀치 한 방으로 바다표범의 목뼈를 꺾어 버린다. 두꺼운 지방과 털가죽은 추위를 막아 내기에 적합하며 싸움을 할 때는 훌륭한 갑옷이 되기도 한다. 한꺼번에 많이 먹어 두면 몇 달을 먹지 않고도 견딜 수 있다. 쉬지 않고 60km나 헤엄쳐 건널 수 있을 정도로 지구력이 강하다.

분류	포유류 > 식육목 > 곰과 > 큰곰속
식성	육식(바다표범을 비롯한 포유류, 어류 등)
무기	북극의 두꺼운 얼음도 깨뜨리는 주먹
습성	끈질기고 헤엄을 잘 친다.
몸무게	200~800kg
몸길이	2.0~3.0m

서식지: 북극권

육지왕 토너먼트 — 홍코너

침엽수림에 숨어 있는 눈 속의 사냥꾼
시베리아호랑이
Siberian tiger

★ 성인 남성과의 비교 ★

파워 / 공격력 / 순발력 / 난폭성 / 지능 / 방어력

시베리아호랑이는 나무 사이에서 잠복하며 먹잇감을 기다리다가 엄청난 점프력으로 먹잇감을 향해 달려든다. 강력한 앞발로 먹잇감을 쓰러뜨린 후 급소(조금만 다쳐도 생명에 지장을 주는 몸의 중요한 부분)를 물어 숨통을 끊는 것이 특기이다. 유럽과 아시아 지역에 서식하는 육식 동물이며, 거대 초식 동물도 잡아먹는다.

분류	포유류>식육목>고양잇과>표범속
식성	육식(포유류, 조류, 어류 등)
무기	날카로운 발톱, 점프력
습성	적극적으로 사냥하며 공격적이다.
몸무게	180~300kg
몸길이	1.7~3.3m
서식지	러시아 동부

예선 1 라운드 - 9

START!

시베리아호랑이, 정면으로 돌진!

북극곰과 마주친 시베리아호랑이는 주저하지 않고 정면으로 달려든다. 북극곰이 앞발로 막으려고 하지만 시베리아호랑이가 펀치를 날려 북극곰의 코끝에 상처를 낸다.

펀치 공격으로는 승부를 가를 수 없다!

이번에는 북극곰이 반격하기 시작한다. 따귀를 때릴 듯이 앞발을 휘두르자, 시베리아호랑이가 북극곰의 앞발에 맞아 옆으로 휙 하고 날아가 버린다.

북극곰은 지상 최대의 육식 동물로, 무시무시한 괴력을 자랑한다. 여기에 대적하는 시베리아호랑이 역시 육식 동물 최대의 맹수로 만만치 않은 상대다. 사나운 불곰도 잡아먹는 시베리아호랑이의 승리가 예상되지만 양측 모두 강력한 동물이기 때문에 결과는 두고 봐야 할 것이다.

육지왕 토너먼트

POWER UP!

북극곰, 승부를 가르는 역습!

시베리아호랑이가 날쌔게 북극곰의 옆으로 돌아가더니 목덜미를 거칠게 문다. 북극곰이 몸을 세차게 흔들어 보지만 시베리아호랑이는 목덜미를 물고 늘어진 채 꿈쩍하지 않는다. 이대로 호랑이의 승리로 끝날 것인가……?

하지만 이번에는 북극곰이 시베리아호랑이의 몸을 휘감더니 발톱으로 등에서 배까지 쭉 찢어 버린다. 이 상처로 시베리아호랑이는 다시 일어서지 못한다.

공격 포인트! 폭발적인 펀치

북극곰의 강력한 앞발 펀치가 승부를 가르는 결정적인 한 방이었다.

역전승을 거둔 북극곰이 배틀을 마친 후 모습을 감춰 버렸다. 이전 배틀에서 사라졌던 바다악어와 북극곰! 이들은 배틀 무대에서 영원히 사라져 버린 것일까?

WINNER 북극곰

53

청코너 　　　　　예선 1 라운드-10

몸속에 무기를 숨긴 생물 병기

줄무늬스컹크
Striped skunk

★ 성인 남성과의 비교 ★

토너먼트 출전자 중 갈기산미치광이와 마찬가지로 경량급(체중이 가벼운 등급)에 속하는 동물이다. 항문 옆에는 항문샘이 있으며, 항문샘에서 내뿜는 분비액은 줄무늬스컹크의 강력한 무기로 이용된다. 분비액을 눈에 맞으면 시력을 잃을 수 있고, 분비액의 악취 때문에 기절하거나 죽기도 한다.

파워 / 공격력 / 순발력 / 난폭성 / 지능 / 방어력

분 류	포유류>식육목>스컹크과>줄무늬스컹크속
식 성	육식(쥐 등의 작은 포유류, 곤충)
무 기	항문샘에서 나오는 분비액
습 성	겁이 많고 예민하다.
몸무게	0.7~2.5kg
몸길이	33~45cm

서식지: 북아메리카

| 육지왕 토너먼트 | 홍코너 |

세계에서 가장 위험한 거대 조류
큰화식조
Southern cassowary

★ 성인 남성과의 비교 ★

파워 / 방어력 / 공격력 / 지능 / 순발력 / 난폭성

큰화식조는 타조 다음으로 큰 새이고, 날지 못한다. 시속 50km로 달릴 수 있을 정도로 다리가 튼튼하며 딱딱한 비늘로 덮여 있다. '세상에서 가장 위험한 새'로 기네스북에 등재되어 있다. 특히 10cm가 넘는 날카로운 발톱이 있어, 큰화식조에게 걷어 차이면 죽거나 내장을 크게 다칠 수도 있다고 한다.

분류	조류>화식조목>화식조과>화식조속
식성	초식(과일)
무기	날카롭고 긴 발톱, 강력한 발차기
습성	음식을 씹지 않고 그냥 삼킨다.
몸무게	30~80kg
몸길이	1.3~1.7m

서식지: 인도네시아, 뉴기니 열대 우림

예선 1 라운드-10

줄무늬스컹크, 위협 태세!

줄무늬스컹크는 등을 구부리고 꼬리를 꼿꼿하게 세워 큰화식조를 위협하기 시작한다. 다가오지 말라는 경고이다.
그러나 큰화식조는 아랑곳하지 않고 성큼성큼 다가간다.

줄무늬스컹크가 엉덩이를 큰화식조 쪽으로 휙 돌리더니 분비액을 발사한다.
얼굴에 명중하지는 않았지만 분비액 일부가 큰화식조의 다리에 묻어 악취를 풍기기 시작한다.

끔찍한 냄새의 분비액을 쏘다!

조류와 포유류가 붙는 최초의 배틀이다. 큰화식조는 타조보다 몸집이 작지만 기네스북에 '세상에서 가장 위험한 새'로 등재되어 있을 정도로 사납다. 한편 줄무늬스컹크는 심한 악취가 나는 액체를 발사해 자신을 보호한다. 이번 배틀에서는 큰화식조의 공격 작전과 줄무늬스컹크의 방어 작전이 매우 흥미롭게 펼쳐질 것이다.

육지왕 토너먼트

큰화식조, 점프킥 한 방!

지독한 악취 때문에 화가 치민 큰화식조는 단숨에 전투 모드로 돌입한다. 큰화식조가 줄무늬스컹크의 엉덩이에 자신의 주특기인 점프킥을 날리자, 날카로운 발톱이 줄무늬스컹크의 엉덩이에 꽂힌다.

점프킥 공격에 고통스러워하다!

고통스러워하며 비명을 지르는 줄무늬스컹크! 냄새나는 액체를 더 많이 발사하고 도망가 버린다. 큰화식조도 악취 때문에 쫓아가지 못하고 배틀은 종료된다.

공격 포인트! 강력한 점프킥

큰화식조의 10cm가 넘는 날카로운 발톱은 발차기 위력을 몇 배나 높여 준다.

악취 나는 액체를 발사해, 적이 그 냄새를 맡고 괴로워하는 동안 도망치는 것이 줄무늬스컹크의 습성이다. 때문에 실제 자연에서도 이와 같은 결과가 나왔을 것이다.

WINNER: 큰화식조

최강 동물 상식

동물의 3대 무기

발톱, 엄니, 뿔은 동물의 3대 무기다. 동물들은 칼처럼 딱딱하고 날카로운 이 무기들로 상대를 다치게 하거나 죽일 수도 있다. 동물마다 자신의 무기를 이용해 상대를 위협하는 방법에는 조금씩 차이가 있다.

 **1 발톱**

발톱의 종류에는 인간의 발톱처럼 납작한 편조(扁爪), 고양이의 발톱처럼 날카로운 구조(鉤爪), 말처럼 땅을 차는 발굽, 이렇게 3가지가 있다. 그중 배틀 무기로 가장 좋은 발톱은 구조이다.

사자의 발톱

사자는 사냥감을 제압할 때 자신의 주 무기인 발톱을 사용한다. 사자에게 잡힌 동물이 사자의 발톱을 억지로 떼어 냈다가는 오히려 자신의 가죽이 찢겨질 수 있다. 치타 등을 제외한 고양잇과 동물은 발톱을 몸속에 넣었다 뺐다 할 수 있다. 사냥감에 살며시 다가갈 때는 발소리를 내지 않기 위해 발톱을 숨긴다.

검독수리의 발톱

검독수리와 수리부엉이 같은 조류의 갈고리 모양 발톱은 주로 나무나 사냥감을 꽉 잡거나 찌르는 데 이용된다. 쥐나 토끼 등이 이 발톱에 붙잡히면 순식간에 찔려 죽음을 당하고 먹잇감이 되어 버린다. 주 무기인 발을 더 강력하게 만들어 준다.

2 엄니

엄니는 입안에 감춰진 것과 입 밖으로 튀어나온 것이 있다. 육식 동물은 주로 사냥감을 공격하고 찢어서 먹을 때 사용하고, 초식 동물은 천적이나 동종의 수컷과 싸울 때 사용한다.

상어의 엄니

입안에 감춰진 엄니의 일종이다. 상어는 2~3일 정도의 단기간에 엄니가 다시 생겨나 항상 날카로운 상태를 유지한다. 이빨의 수가 많지만, 대부분은 이빨이 빠졌을 때 대체하기 위한 예비용 이빨이다.

코끼리의 엄니

입 밖으로 튀어나온 엄니의 일종이다. 코끼리는 풀이나 잎 외에도 나무껍질을 먹는데, 나무를 쓰러뜨리거나 나무껍질을 벗길 때 이 엄니를 이용한다. 공예품의 소재로도 사용된다.

3 뿔

뿔은 머리 부분에 솟은 단단하고 뾰족한 것을 말한다. 피부나 털이 딱딱하게 변화되어 생긴 것과, 뼈가 자라나 생긴 것이 있다. 적이 머리를 공격할 때 방어용으로도 사용하므로 공격과 방어가 모두 가능한 무기이다.

코뿔소의 뿔

코뿔소의 뿔은 털이나 발톱의 성분인 케라틴으로 구성되어 있다. 코뿔소의 뿔은 평생 계속해서 자라나며, 나무에 뿔을 문지르기 때문에 항상 끝이 뾰족하다.

왕넓적사슴벌레의 뿔

왕넓적사슴벌레의 머리에 난 뿔 2개의 정식 명칭은 큰턱이다. 큰턱으로 상대를 조르는 것이 특기이며, 상대를 큰턱에 끼워서 내던지기도 한다.

최강 동물 상식

동물의 체격 순위

체격이 크다는 것은 몸무게가 무겁고 그 몸무게를 지탱하는 파워 또한 강하다는 증거이다. 체격이 큰 동물일수록 배틀에 유리할 수밖에 없다. 《최강왕 동물 배틀》에 등장하는 동물 중에서 체격 순위를 알아본다.

■ 육지 동물
1등: 아프리카코끼리
2등: 흰코뿔소
3등: 하마

기본적으로 초식 동물이 육식 동물보다 몸이 큰 경우가 많다.
다 자란 아프리카코끼리는 큰 몸을 유지하기 위해 하루에 약 200~300kg의 나무와 풀을 먹고 100ℓ의 물을 마신다.

■ 수중 동물
1등: 향유고래
2등: 대왕오징어
3등: 범고래

몸무게가 무거워도 물속에서는 땅 위에서보다 몸을 지탱하기 쉽다.
그래서 수중 동물은 육지 동물보다 몸이 더 크게 발달하는 편이다.
그중에서도 향유고래가 가장 크다.

■ 곤충
1등: 왕지네
2등: 브라질떠돌이거미
3등: 대왕귀뚜라미

같은 종의 곤충이라도 서식지에 따라 몸의 크기가 다르다.
기본적으로 먹이가 풍부한 열대 지역에 서식하는 개체가 몸이 크다.
왕지네도 남아메리카의 열대 우림에 서식하고 있어 몸이 크다.

최강 육지왕 배틀

예선 ❷ 라운드

배틀 ❶ 청코너 기린 VS 홍코너 아프리카코끼리 (62~63p)

돌발 파이터

배틀 ❷ 청코너 라텔 VS 홍코너 아메리카들소 (64~67p)

배틀 ❸ 청코너 코모도왕도마뱀 VS 홍코너 사자 (68~69p)

배틀 ❹ 청코너 검독수리 VS 홍코너 큰화식조 (70~71p)

육지왕 배틀 예선 ❶라운드의 승자 중 바다악어와 북극곰이 행방불명되었다. 그래서 그들을 제외하고 ❷라운드가 진행될 예정이다. 그런데 ❷라운드에 앞서 또 다른 사건이 일어나고 말았다. 대진표에도 없던 라텔이 갑자기 난입한 것이다. ❶라운드의 승자들과 돌발 파이터 라텔의 활약을 ❷라운드에서 기대해 보자.

청코너 기린 　　　예선 ❷ 라운드 - ❶

START!

기린, 뒷발차기 공격!
기린과 아프리카코끼리는 아프리카 초원에서 자주 마주치는 사이다. 아프리카코끼리가 강하다는 사실을 알고 있는 기린은 엉거주춤하며 쉽게 다가가지 못한다. 그런 기린에게 아프리카코끼리가 다가가 코로 엉덩이를 밀어 싸움을 건다.

필살의 뒷발차기 공격을 날리다!

그런 아프리카코끼리의 행동에 기분이 나빴는지, 기린이 옆으로 슬쩍 돌아가더니 강렬한 뒷발차기를 날린다. 기린의 뒷발차기가 아프리카코끼리의 옆구리를 강타한다.

육지왕 배틀 예선 ❶라운드를 마치고 바다악어와 북극곰이 행방불명되었다. 아나콘다와 갈기산미치광이의 대결에서는 두 출전자가 모두 죽어 무승부로 끝났다. 이런 예상치 못한 결과를 낳은 ❶라운드가 끝이 나고 ❷라운드가 시작되었다. 첫 번째 배틀은 ❶라운드에서 흰코뿔소를 누르고 올라온 기린과 알래스카불곰을 이긴 아프리카코끼리의 대결이다.

청코너 **돌발 파이터**　　　예선 ②라운드-②

두려움을 모르는 사막의 용사
라텔
Ratel

★ 성인 남성과의 비교 ★

머리와 등의 두꺼운 피부는 라텔의 강력한 무기이다. 이 피부는 사자의 발톱도 막아 낼 수 있고, 신경계를 파괴하는 코브라의 독도 이겨 낼 수 있다. 자신보다 몸집이 큰 동물을 만나더라도 절대로 기죽지 않는 성격 때문에 전 세계에서 가장 겁이 없는 동물로 유명하다.

파워 / 공격력 / 순발력 / 난폭성 / 지능 / 방어력

분류	포유류>식육목>족제빗과>라텔속
식성	잡식(벌꿀, 과일, 작은 포유류 등)
무기	강하고 두꺼운 피부
습성	자기보다 큰 상대를 만나도 겁내지 않는다.
몸무게	10~15kg
몸길이	60~80cm

서식지: 유럽과 아시아의 건조 지대, 아프리카

육지왕 토너먼트 — 홍코너

아메리카들소
초원 위의 폭주 트럭
American bison

★ 성인 남성과의 비교 ★

1t이 넘는 거대한 몸집의 아메리카들소 수컷은 운동 능력이 매우 뛰어나다. 시속 65km로 달릴 수 있고 2m나 되는 높이를 점프할 수도 있다. 평소에는 초식 동물답게 온순한 편이다. 하지만 짝짓기를 할 때는 암컷을 차지하기 위해 수컷끼리 격렬한 박치기 대결을 펼치는 등 엄청난 파괴력을 발휘한다.

스탯: 파워, 공격력, 순발력, 난폭성, 지능, 방어력

분류	포유류>소목>솟과>들소속
식성	초식(풀, 나뭇잎 싹, 나무껍질)
무기	강력한 박치기가 가능한 짧은 뿔
습성	온순하지만 흥분하면 난폭해진다.
몸무게	800~1,700kg
몸길이	3~3.5m

서식지: 캐나다 서부, 아메리카 중서부

청코너 라텔  예선 ❷ 라운드-❷

아메리카들소는 예선 ❶라운드에서 하마와 사투를 벌여 승리했다. 그런데 대진표에 없던 라텔이 갑자기 나타나 아메리카들소의 배틀 상대로 출전했다. 라텔은 아프리카에 서식하는 사나운 족제빗과의 동물이며, '세계에서 가장 겁이 없는 동물'로 기네스북에 기록되어 있다. 예정에 없던 돌발 배틀……! 과연 그 결과는 어떻게 될까?

돌발 파이터 라텔 공격을 시작하다!

라텔, 자신 있게 공격!
라텔이 자기보다 몸집이 훨씬 큰 아메리카들소를 향해 이빨을 드러내면서 위협한다. 아메리카들소는 천천히 다가가 앞발로 밟으려고 한다.

START!

라텔은 사자를 마주하고도 한걸음도 물러나지 않을 정도로 겁이 없다. 라텔이 낮은 자세를 유지하면서 아메리카들소에게 돌진하더니 앞발을 물어 버린다.

청코너 코모도왕도마뱀 ★★★★★ 예선 ❷ 라운드-3

세 번째 배틀은 파충류와 포유류의 대결이다. 수리부엉이를 누르고 승리한 코모도왕도마뱀과 마운틴고릴라를 누르고 승리한 사자가 ❷라운드에 진출했다. 공격력에서는 사자가 우세하지만 코모도왕도마뱀은 독 무기를 가지고 있어 사자를 쓰러뜨릴 가능성도 있다. 실제 자연에서는 마주칠 일이 없는 두 파이터의 대결이 어떻게 전개될지 궁금하다.

코모도왕도마뱀이 먼저 돌진하다!

코모도왕도마뱀, 공격 시작! START!
코모도왕도마뱀이 혀를 날름거리면서 처음 보는 사자의 태도를 살핀다. 그러더니 갑자기 맹렬하게 돌진해 사자의 발을 깨물려고 한다.

사자가 뒤로 물러서며 방어 자세를 취한다. 멈추지 않고 계속 공격하는 코모도왕도마뱀을 사자는 가뿐히 막아 낸다.

육지왕 토너먼트 ★★★★★★★★★★★ 사자 홍코너

사자, 재빠른 기습!

상대가 만만찮은 강적임을 알아차린 사자!
등 뒤에서 공격하기 위해 천천히 뒤로 돌아가더니,
코모도왕도마뱀의 등에 걸터앉는다.

코모도왕도마뱀이 사자에게서 벗어나려고 한다. 하지만 사자가 큰 입을 벌리더니 코모도왕도마뱀의 뒷머리를 덥석 물고 엄니로 두개골을 깨뜨려 버린다.

배틀의 진수를 보여 주다!

공격 포인트! 기습적인 후면 공격

사자에게 등을 내 준 것이 코모도왕도마뱀의 큰 실수였다. 결국 사자의 강력한 턱과 엄니에 쓰러져 버렸다.

코모도왕도마뱀이 한 번이라도 사자를 물었다면 승리할 기회가 있었겠지만, 사자는 빈틈을 보이지 않았다. 공격이든 방어든 어느 면에서도 사자의 강인함이 돋보이는 배틀이었다.

WINNER: 사자

청코너 검독수리

예선 ②라운드-④

큰화식조, 점프킥 공격!

하늘을 날던 검독수리는 큰화식조의 등 뒤로 내려앉는다. 큰화식조를 향해 조용히 다가가고 있는데, 낌새를 눈치챈 큰화식조가 고개를 돌려 검독수리를 발견한다.

필살기 점프킥이 빗나가다!

다가오는 검독수리를 향해 큰화식조가 두 다리로 점프킥을 날린다. 하지만 검독수리가 날아오르는 바람에 점프킥이 빗나가고 만다.

킹코브라를 쓰러뜨리고 올라온 검독수리와 줄무늬스컹크를 쓰러뜨리고 올라온 큰화식조! 두 동물의 대결은 최강의 조류를 결정하는 배틀이 되었다. 그리고 날 수 있는 새와 날지 못하는 새의 자존심을 건 싸움이라고도 할 수 있다. 검독수리가 하늘에서 공격한다면 유리하겠지만, 만약 땅에서 대결을 시작한다면 강렬한 점프킥이 특기인 큰화식조가 유리할 것이다.

| 육지왕 토너먼트 | 큰화식조 홍코너 |

POWER UP!

검독수리, 발톱으로 맹렬하게 공격!

큰화식조는 하늘로 날아오른 검독수리를 눈으로 쫓는다. 검독수리는 더 높이 날아올라 큰화식조의 시선을 돌린 다음, 다시 땅으로 내려앉는다. 이번에는 큰화식조가 등 뒤에서 접근하는 검독수리를 눈치채지 못한다.

강력한 발톱으로 적의 숨통을 끊다!

검독수리가 두 다리로 큰화식조의 머리를 잡더니, 살인적인 발톱으로 큰화식조의 머리를 뚫어 치명상을 입힌다.

공격 포인트!
살인적인 발톱 공격

빠른 속도로 날아와 발톱으로 공격하는 검독수리가 큰화식조에게는 벅찬 상대였을 것이다.

큰화식조의 특기인 점프킥 공격이 실패했다. 또 상공에서 공격해 오는 검독수리를 큰화식조의 힘으로 막는 것은 역부족이었다. 결국 '날 수 있는 새'가 승리했다.

WINNER: 검독수리

최강 육지왕 예선 평가

힘과 스피드를 자랑하는 흰코뿔소가 기린에게 패하고, 거대한 들소가 작은 라텔에게 패하는 등 예상하지 못한 결과를 보여 주었다.

파워만 강해서는 승리할 수 없다!

덩치만큼 힘 센 흰코뿔소가 유리할 것으로 예상했지만, 기린에게 패했다. 힘에서는 밀리지만, 자기 장점을 살려 공격한 기린의 작전이 승리의 열쇠가 되었다. 이와 반대로 전략을 잘못 세워 패배한 동물도 있었다. 큰화식조는 강렬한 점프킥의 소유자지만, 공중전(공중에서 벌이는 전투)이 특기인 검독수리를 상대로는 점프킥 공격을 하지 못했다. 다음 배틀에서도 각자의 강점을 얼마나 살릴 수 있는지가 승패를 좌우하게 될 것이다.

실제 자연에서는 흰코뿔소의 뿔이 덮치기 전에 기린이 도망가 버렸겠지만, 가상 배틀에서는 기린의 뒷발차기 공격이 성공했다.

강렬한 악취가 무기인 스컹크! 후각이 예민한 상대를 만났다면 제대로 실력을 발휘할 수 있었을 것이다.

검독수리는 빠른 속도로 날아다니며 큰화식조가 점프킥을 날리지 못하게 했다.

육지왕 예선 승자

아프리카코끼리   라텔
사자   검독수리

최강 수중왕 배틀

예선

청코너 향유고래 | 배틀 1 VS 74~77p | 홍코너 대왕오징어

청코너 외뿔고래 | 배틀 2 VS 78~81p | 홍코너 범고래

청코너 바다코끼리 | 배틀 3 VS 82~85p | 홍코너 백상아리

청코너 레오파드바다표범 | 배틀 4 VS 86~89p | 홍코너 곰치

첫 번째 배틀부터 거대한 몸집을 자랑하는 향유고래와 대왕오징어가 등장하여 강자끼리의 대결을 보여 준다. 막강한 파워를 자랑하는 파이터들의 흥미진진한 배틀이 될 것이다. 나머지 파이터들도 날카로운 뿔과 엄니라는 무기가 있어서 바닷물을 피로 물들이는 강렬한 싸움을 펼칠 것으로 예상한다.

청코너 예선

날카로운 이빨의 포식자
향유고래
Sperm whale

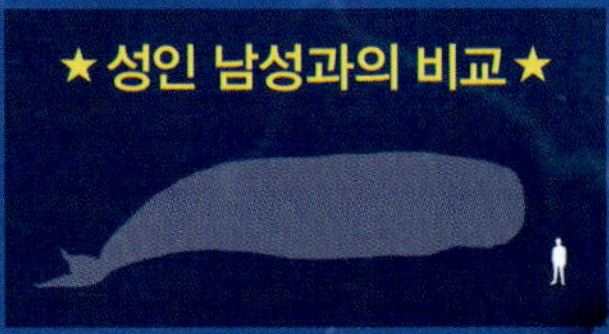

★ 성인 남성과의 비교 ★

향유고래는 전 세계의 깊은 바다에서 무리 지어 생활한다. 딱딱한 외피(겉가죽)로 둘러싸인 거대한 몸집은 그 파워가 엄청나다. 고래잡이배에 습격당한 향유고래수컷이 암컷과 새끼를 지키기 위해 배를 침몰시킨 일이 있었는데, 이 일로 향유고래는 미국의 소설가 허먼 멜빌이 쓴 《백경》의 모델이 되기도 하였다.

파워 / 공격력 / 순발력 / 난폭성 / 지능 / 방어력

분 류	포유류＞고래목＞향유고래과＞향유고래속
식 성	육식(오징어, 심해어 등)
무 기	강력한 꼬리지느러미
습 성	온순하다.
몸무게	45,000~50,000kg
몸길이	16~18m

서식지: 전 세계의 깊은 바다

수중왕 토너먼트 — 홍코너

미스터리로 가득 찬 수중 동물
대왕오징어
Giant squid

★ 성인 남성과의 비교 ★

몸집이 거대한 대왕오징어는 깊은 바다에 숨어 산다. 해안으로 떠밀려 온 모습이 드물게 발견되기도 하지만, 사람이 직접 목격하는 경우는 드물다. 흔히 다리라고 불리는 촉수에는 여러 개의 빨판이 달려 있다. 이 빨판은 향유고래의 딱딱한 피부에 상처를 낼 수 있을 정도로 매우 강력하다.

스탯: 파워 / 공격력 / 순발력 / 난폭성 / 지능 / 방어력

분류	두족류>개안아목>대왕오징엇과>대왕오징어속
식성	육식(어류, 오징어)
무기	흡입력이 강한 빨판
습성	600~1,500m 심해에 산다.
몸무게	600~1,000kg
몸길이	10~17m

서식지: 대서양, 태평양

75

예선 1

주로 물속에서 생활하는 동물 가운데 누가 최강인지 결정하는 수중왕 결정전이 시작되었다. 배틀 무대는 깊은 물속! 첫 번째 배틀의 주인공은 향유고래와 대왕오징어다. 거대한 몸집을 가진 두 수중 파이터는 실제로도 싸움을 하는데, 이때 향유고래가 대왕오징어를 잡아먹는다고 알려져 있다. 과연 이 말이 사실인지 이번 배틀에서 진실을 확인해 보자.

START!

대왕오징어, 턱으로 강타!
평소 오징어를 먹잇감으로 여기는 향유고래가 큰 입을 벌리고 대왕오징어를 향해 돌진한다. 그러나 재빠른 대왕오징어는 향유고래의 공격을 피한다.

대왕오징어의 다리가 향유고래를 죄어 오다!
이번에는 대왕오징어가 공격을 시작한다. 다리로 향유고래를 휘휘 감더니 딱딱한 *턱으로 고래의 외피를 찌른다.

*턱: 오징어와 문어의 입에 달려 있는 부리 모양의 기관으로 정식 명칭은 악판(顎板)이다.

수중왕 토너먼트

POWER UP!

향유고래, 꼬리지느러미로 반격!

대왕오징어가 강력한 흡입력을 자랑하는 빨판으로 향유고래를 붙잡고 놓아주지 않는다. 그러나 싸움이 길어지자 대왕오징어는 지치기 시작한다.

이때 향유고래가 몸을 비틀어 대왕오징어를 떼어 내더니 꼬리지느러미로 세게 친다. 이 한 방에 대왕오징어는 싸움을 할 수 없는 상태가 되고 만다.

공격 포인트! 강한 꼬리 휘두르기

물속에서 거대한 몸을 나아가게 하는 꼬리의 힘은 엄청나다. 이 꼬리로 공격을 받으면 누구도 이길 수 없을 것이다.

향유고래의 몸 여기저기에 대왕오징어의 턱과 빨판 때문에 생긴 상처가 남았다. 하지만 대왕오징어가 줄 수 있는 타격은 이 정도까지였다.

WINNER: 향유고래

청코너 　 예선 2

긴 뿔이 달린 바다의 유니콘
외뿔고래
Narwhal

★ 성인 남성과의 비교 ★

외뿔고래는 평소 해수면 가까이에서 생활하지만 1,000m 정도의 깊은 바다까지 잠수해서 활동할 수 있다. 뿔과 같이 생긴 긴 엄니는 외뿔고래의 트레이드마크로, 기압과 온도를 감지하는 감각 기관이다. 외뿔고래 수컷들은 무리에서 대장이 되거나 암컷을 차지하기 위해 서로 긴 엄니를 부딪치며 힘을 겨룬다.

파워 / 공격력 / 순발력 / 난폭성 / 지능 / 방어력

분류	포유류＞고래목＞외뿔고래과＞외뿔고래속
식성	육식(어류, 오징어)
무기	길게 발달한 엄니
습성	싸움을 좋아하지 않는다.
몸무게	1,000~1,500kg
몸길이	3~5m

서식지: 북극권의 바다

수중왕 토너먼트 — 홍코너

힘과 지능을 겸비한 바다의 킬러
범고래
Killer whale

★ 성인 남성과의 비교 ★

범고래는 포유류 중에서 돌고래와 함께 가장 빨리 헤엄칠 수 있는 동물로 꼽힌다. 날카로운 엄니와 스피드를 이용해 자신보다 몸집이 큰 고래를 사냥하기도 한다. 운동 신경이 뛰어나며, 물 위에 떠 있는 새를 기습해서 잡아먹거나 무리 지어 사냥하는 등 지능이 뛰어난 '바다의 킬러'로 알려져 있다.

능력치: 파워 / 공격력 / 순발력 / 난폭성 / 지능 / 방어력

분류	포유류>고래목>참돌고래과>범고래속
식성	육식(포유류, 어류, 조류)
무기	사냥감을 물어뜯는 엄니
습성	붙임성이 있으나 사나운 면도 있다.
몸무게	3,600~7,200kg
몸길이	6~7.5m

서식지: 육지에서 멀리 떨어진 전 세계의 바다

예선 2

수중왕 두 번째 배틀은 고래목끼리의 싸움이다. 수중왕 우승 후보로 꼽히는 범고래는 바다를 지배하는 최고의 포식자이자 바다의 킬러로 알려져 있다. 외뿔고래의 엄니는 적을 공격하는 무기가 아니다. 하지만 동족끼리 싸울 때 엄니를 서로 들이받거나, 물고기를 잡을 때 엄니로 때려잡는다. 이번 경기에서도 외뿔고래의 엄니가 뜻밖의 힘을 발휘하기를 기대해 본다.

START!

외뿔고래, 엄니를 세워 돌진!
범고래는 외뿔고래의 주위를 빙글빙글 돈다. 외뿔고래의 움직임을 방해하면서 공격하기 쉬운 상황을 만드는 것이다.

그러나 공격을 먼저 시작한 것은 외뿔고래다. 범고래의 행동에 짜증이 나서 더 이상 참을 수 없었던 것이다. 외뿔고래가 범고래를 향해서 긴 엄니를 아래위로 흔들며 공격한다.

수중왕 토너먼트

범고래, 외뿔고래의 배를 강타!

외뿔고래의 엄니를 피해 범고래가 모습을 감춘다. 싸움을 포기하고 물러난 것일까? 그렇게 생각하는 순간, 갑자기 범고래가 깊은 바다에서 맹렬한 속도로 올라오더니 온몸에 힘을 실어 외뿔고래의 배를 머리로 친다.

POWER UP!

강력한 한 방을 맞은 외뿔고래가 비틀거리며 도망가려고 하자, 범고래가 외뿔고래의 아래턱을 물고 늘어져 숨통을 끊어 버린다.

강력한 한 방으로 외뿔고래 KO!

공격 포인트! 맹렬한 육탄 공격

범고래의 강력한 한 방에 외뿔고래가 꼼짝없이 당하고 말았다.

바다의 킬러라고 불릴 정도로 사납고 머리도 좋은 범고래는 다양한 방법으로 적을 공격하는 무서운 포식자다. 만약 외뿔고래가 긴 엄니로 찌르는 공격이 성공했다면 승패를 가리기 힘든 싸움이 되었을지도 모른다.

WINNER: 범고래

청코너　　　　　　　　　　　　　　　예선 3

북극의 얼음까지 뚫는 엄니의 소유자
바다코끼리
Walrus

★ 성인 남성과의 비교 ★

바다코끼리는 추운 곳에 살지만 몸에 털이 없다. 그 대신 두꺼운 지방층이 있어 추운 날씨에도 체온을 유지할 수 있다. 지방층은 적의 발톱과 엄니로부터 몸을 보호하는 역할도 한다. 긴 엄니는 적을 쫓거나 무리의 대장을 결정하는 수컷끼리의 싸움에 이용된다. 바다코끼리의 엄니는 평생 동안 자란다.

파워 / 방어력 / 공격력 / 지능 / 순발력 / 난폭성

분 류	포유류>식육목>바다코끼릿과>바다코끼리속
식 성	육식(조개류, 갑각류 등)
무 기	1m가 넘는 엄니
습 성	거대한 몸집과는 달리 조심스럽다.
몸무게	500~1,700kg
몸길이	2.7~3.6m

서식지: 북극권의 바다

| 수중왕 토너먼트 | 홍코너 |

기습이 특기인 살인 상어
백상아리
Great white shark

★ 성인 남성과의 비교 ★

파워 / 방어력 / 공격력 / 지능 / 순발력 / 난폭성

공포 영화 <죠스>의 모델이기도 한 상어다. 톱니 모양의 엄니가 3열로 나란히 있어 한 번에 10kg 이상의 고깃덩이를 뜯어 먹을 수 있다고 한다. 불시에 습격하는 기습 공격이 특기이며, 날카로운 이빨로 사냥감을 물어 상대가 지칠 때까지 기다렸다가 일격을 가하는 장기전도 특기이다.

분 류	연골어류>악상어목>악상엇과>백상아리속
식 성	육식(바다표범을 비롯한 포유류, 어류 등)
무 기	면도칼 같은 엄니
습 성	조심스러운 편이다.
몸무게	1,100~3,300kg
몸길이	5~7m

서식지: 극지방을 제외한 육지에서 떨어진 바다

예선 3

바다코끼리, 소리 내어 위협!

바다코끼리가 물속으로 뛰어들자 백상아리는 공격할 틈을 노린다. 바다코끼리가 소리를 내며 위협해 보지만, 백상아리는 아랑곳하지 않고 공격을 시작한다.

뾰족한 엄니로 등을 할퀴다!

백상아리가 바다코끼리의 앞가슴을 물어뜯으려고 하자, 바다코끼리가 재빨리 피하며 엄니를 내리친다. 엄니는 백상아리의 등을 가볍게 할퀸다.

세 번째 배틀은 포유류와 어류의 대결이다. 이번 배틀 무대에는 큰 얼음이 떠 있다. 바다코끼리는 매우 큰 엄니를 가졌는데, 이 엄니를 휘두르면 북극곰도 접근하지 못한다. 한편 백상아리는 큰턱과 날카로운 엄니로 인간을 습격하기도 하는 세계 최대의 포식어. 이번 배틀은 바다코끼리 엄니와 백상아리 엄니의 대결이 될 것이다.

수중왕 토너먼트

백상아리, 물어뜯기 공격!
자신이 불리하다고 생각한 바다코끼리는 엄니를 얼음에 걸어 얼음 위로 올라가려고 한다. 그 순간, 백상아리가 바다코끼리의 뒷다리를 물어 버린다.

백상아리는 바다코끼리의 뒷다리를 물고 물속으로 끌어들인 다음, 몸을 심하게 흔들며 뒷발을 물어뜯는다. 바닷물이 피로 물들기 시작한다.

POWER UP!

한 번 물면 절대로 놓지 않는다!

공격 포인트! 살점 물어뜯기
백상아리는 몸집이 큰 상대를 물었을 경우 몸을 좌우로 흔들어 그 힘으로 살점을 뜯는다.

바다코끼리가 헤엄을 잘 친다고 해도 수중전은 어류인 백상아리에게 유리했다. 만약 바다코끼리가 긴 엄니 공격에 성공했다면 백상아리의 숨통을 한 방에 끊을 수 있지 않았을까?

WINNER 백상아리

청코너

예선 4

사냥감을 조롱하는 바다 깡패
레오파드바다표범
Leopard seal

★ 성인 남성과의 비교 ★

바위처럼 위장하고 숨어 있다가 사냥감이 다가오면 순식간에 달려들어 물어 버린다. 그리고 격렬하게 휘두르다가 바다로 질질 끌고 가서 숨통을 끊는다. 한 번 잡은 사냥감을 일부러 놓아줬다가 다시 잡는 등 사냥감을 바로 죽이지 않고 가지고 노는 경우가 있다. 그 잔혹함 때문에 '바다 깡패'라고도 불린다.

파워 / 공격력 / 순발력 / 난폭성 / 지능 / 방어력

분류	포유류>식육목>물범과>얼룩무늬물범속
식성	육식(펭귄 등의 조류, 어류 등)
무기	크게 벌릴 수 있는 턱, 날카로운 엄니
습성	공격적이며 호기심이 강하다.
몸무게	400~590kg
몸길이	3~3.4m

서식지: 남극 주변의 바다

수중왕 토너먼트 — 홍코너

★ 성인 남성과의 비교 ★

산호초에 숨어 있는 육식 어류

곰치
Moray eel

곰치의 가장 큰 특징은 2개의 턱이다. 사냥감을 찢는 날카로운 엄니가 난 바깥 턱이 있고, 안쪽에 사냥감을 삼키기 위한 턱이 하나 더 달려 있다. 평소에는 바위 뒤에 숨어 있다가 다가오는 사냥감을 기습한다. 그리고 뛰어난 후각으로 냄새를 맡으며 해안가로 올라가 사람을 덮치기도 한다.

능력치: 파워, 공격력, 순발력, 난폭성, 지능, 방어력

분 류	경골어류＞뱀장어목＞곰칫과＞곰치속
식 성	육식(어류, 문어, 오징어 등)
무 기	날카로운 엄니, 2개의 턱
습 성	우락부락한 외모와는 달리 조심스럽다.
몸무게	3~7kg
몸길이	1~4m

서식지: 온난한 지역의 얕은 바다

예선 4

곰치, 물어뜯기 공격 개시!

곰치가 굴에서 얼굴을 내밀고 레오파드바다표범을 경계한다. 레오파드바다표범은 사냥감을 향해 천천히 다가간다. 레오파드바다표범이 굴에 바짝 다가가자 화가 난 곰치가 레오파드바다표범의 뒷발을 물어뜯는다.

다행히 뒷발의 상처가 심하지는 않았지만, 곰치의 공격에 놀란 레오파드바다표범은 일단 후퇴하기로 하고 굴에서 멀어진다.

세 번째 배틀과 마찬가지로 포유류와 어류의 대결이다. 바다표범은 보통 물고기를 잡아먹지만, 레오파드바다표범은 펭귄이나 다른 바다표범을 잡아먹는다. 그래서 '남극의 포식자'라는 별명을 가지고 있다. 한편 곰치는 온난한 바다에 살며 문어, 게, 물고기 등을 잡아먹는다. 실제 자연에서는 서로 만날 일이 없는 파이터들이지만 이번 배틀에서 실력을 겨뤄 보기로 한다.

수중왕 토너먼트

레오파드바다표범, 반전의 공격!

곰치는 굴에서 나와 레오파드바다표범의 뒤를 쫓는다. 그러나 이것이 큰 실수가 된다. 레오파드바다표범이 기다리고 있었다는 듯 갑자기 몸을 휙 돌리더니, 맹렬하게 곰치를 향해 다가온다.

곰치가 이빨을 드러내며 위협해 보지만, 레오파드바다표범이 큰 입을 벌려 곰치의 머리를 통째로 물어 버린다. 그리고 숨이 끊어진 곰치를 입에 물고 유유히 물 위로 떠오른다.

POWER UP!

눈 깜짝할 사이에 곰치를 덮치다!

공격 포인트! 한 방에 숨통 끊기

크게 벌릴 수 있는 턱과 날카로운 엄니가 이번 배틀에서 중요한 무기가 되었다.

곰치가 굴에서 나온 것이 큰 실수였다. 굴에서 몸을 반쯤 내밀었다 넣기를 반복하면서 상대를 무는 작전을 펼쳤다면, 레오파드바다표범에게 이렇게 무참히 당하지는 않았을 것이다.

WINNER 레오파드바다표범

최강 동물 상식

동물의 다양한 무기

발톱, 엄니, 뿔은 동물들이 지닌 대표 공격 무기이다. 그보다 더 강력한 공격 무기인 독을 품은 동물과 추운 환경이나 적으로부터 자신을 지키기 위한 방어 무기를 가지고 있는 동물들을 알아보자.

1 독

독(毒)은 크게 2가지 종류로 나뉜다. 엄니나 뾰족한 침을 통해 적의 몸속에 주입하는 것과 적의 피부나 얼굴에 뿌려서 마비시키는 것이 있다. 독은 몸집이 작은 동물에게도 상대를 쓰러뜨릴 수 있는 비밀 병기가 된다.

킹코브라의 독
맹독성의 킹코브라가 잘 발달된 독니로 한 번 물어 많은 양의 독을 주입하면 거대 초식 동물과 육식 동물을 쓰러뜨릴 수 있다. 코브라의 독은 신경을 공격해서 신체 마비와 호흡 곤란 등을 일으킨다.

키로넥스플렉케리의 독
키로넥스플렉케리는 매우 치명적인 독을 지닌 해파리로, 위험한 수중 생물로 꼽힌다. 이 독에 사람이 쏘이면 심한 통증이 온몸에 퍼지면서 호흡 곤란과 심장 마비 등을 일으키고, 1~10분 만에 죽는다.

2 방어

실제 자연에서는 언제 누구로부터 공격을 받을지 알 수 없다. 공격을 받아 상처가 생기면 제대로 치료할 수가 없으므로 가벼운 상처로도 목숨을 잃을 수 있다. 따라서 야생에서는 자신을 방어할 방어막이 필요하다.

바다코끼리의 두꺼운 지방

피부와 지방의 두께가 총 10cm나 된다. 이는 북극의 추위로부터 체온을 유지시켜 준다. 또한 적의 발톱이나 엄니로부터 내장을 보호해 주는 방어막 기능도 한다. 추운 지역에 서식하는 대부분의 거대 동물은 이러한 방어 도구로 추위와 적의 공격으로부터 자신을 보호한다.

갈기산미치광이의 가시

갈기산미치광이의 등 가시는 길이가 30cm나 되고 매우 단단하다. 적의 살에 박히면 갈기산미치광이의 몸에서 떨어져 나간다. 한 번이라도 이 가시에 찔린 적이 있는 사자는 위험했던 상황을 기억하기 때문에 갈기산미치광이를 덮치지 않는다고 한다. 갈기산미치광이를 삼켰다가 내장에 가시가 박혀 죽는 육식 동물도 있다.

스컹크의 분비액

스컹크는 적이 다가오면 몸을 돌려 악취가 나는 분비액을 발사한다. 이 분비액은 항문샘에서 나오는데, 눈에 들어가면 실명할 수도 있다. 분비액의 냄새는 3~4개월 동안 없어지지 않으며, 지독한 냄새 때문에 죽는 동물도 있다고 한다. 스컹크에게 아주 유용한 방어 도구이다.

최강 수중왕 예선 평가

수중왕 예선은 향유고래와 범고래, 백상아리 등
강력한 수중 동물들이 파워를 자랑하는 흥미진진한 배틀 무대였다!

물속과 물 위에서 펼쳐진 격렬한 싸움!

물속에서도 육지에서의 배틀 못지 않은 격렬한 대결이 펼쳐졌다.
그중 가장 아쉬운 패배를 한 동물은 바다코끼리이다. 만약 얼음 위에서 배틀이 진행됐다면 바다코끼리에게 유리한 배틀이 되었을 것이다.
물속과 물 위를 오가며 펼쳐진 수중왕 배틀에서는 자신에게 유리한 영역으로 상대방을 끌어들이는 파이터가 승부의 열쇠를 쥘 수 있었다.

대왕오징어는 거대한 촉수를 가지고도 향유고래에게 작은 상처밖에 입히지 못했다.

긴 엄니 공격이 강점인 바다코끼리가 자신에게 유리한 영역을 고려하지 못해 백상아리에게 패하고 말았다.

레오파드바다표범은 곰치를 굴 밖으로 유인해 숨통을 끊는 지능적인 전략을 펼쳤다.

수중왕 예선 승자

**향유고래 범고래
백상아리 레오파드바다표범**

최강 곤충왕 배틀

예선

청코너 — 장수말벌
배틀 1 VS 94~97p
홍코너 — 왕지네

청코너 — 대왕귀뚜라미
배틀 2 VS 98~101p
홍코너 — 디노포네라기간티

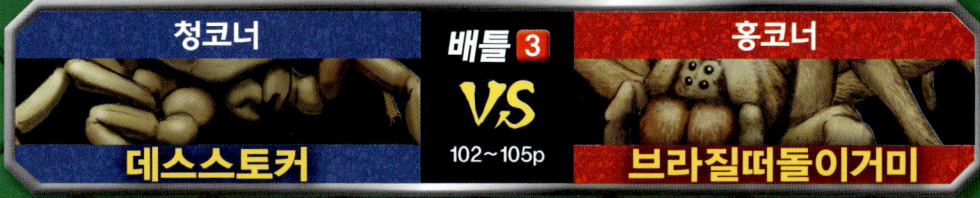

청코너 — 데스스토커
배틀 3 VS 102~105p
홍코너 — 브라질떠돌이거미

청코너 — 왕사마귀
배틀 4 VS 106~109p
홍코너 — 왕넓적사슴벌레

장수말벌, 데스스토커, 브라질떠돌이거미 등 무시무시한 맹독을 품은 곤충들의 배틀 무대가 펼쳐진다. 특히 데스스토커와 브라질떠돌이거미 두 파이터의 배틀이 가장 흥미진진할 것으로 예상된다. 참가한 곤충들이 어떤 무기를 이용해 작은 몸에 숨겨진 위력을 내뿜을지 기대해 보자.

청코너　　　　　　　　　　　　　　　　　예선 1

세계 최대의 살인 벌
장수말벌
Asian giant hornet

★성인 남성과의 비교★

장수말벌은 나무뿌리에 둥지를 틀고 무리 지어 산다. 우리나라에 서식하는 말벌 중에서 가장 크고 힘이 센 말벌이다. 다른 곤충의 딱딱한 외골격을 씹어 먹을 수 있는 강한 큰턱이 있다. 가을에는 유충(애벌레)을 키우기 위해 많은 먹이를 말벌집으로 가지고 돌아오기 때문에 공격성이 매우 강해진다.

파워 · 공격력 · 순발력 · 난폭성 · 지능 · 방어력

- **분 류**: 곤충류>벌목>말벌과>말벌속
- **식 성**: 잡식(나뭇진, 풍뎅이, 노린재, 나비 등)
- **무 기**: 강한 독성을 가진 독침
- **습 성**: 가을에는 사나워진다.
- **몸무게**: 약 5g
- **몸길이**: 4~5cm
- **서식지**: 일본, 한국

| 곤충왕 토너먼트 | 홍코너 |

왕지네
열대 우림의 살인 지네
Scolopendridae

★ 성인 남성과의 비교 ★

왕지네의 길고 단단한 몸은 여러 마디로 이루어져 있으며, 마디마다 1쌍 또는 2쌍의 다리가 달려 있다. 사냥감을 다리로 휘감고 턱으로 물어서 숨통을 끊는 것이 사냥 스타일이다. 왕지네의 턱은 독을 품고 있다. 곤충은 물론이고 개구리나 쥐 같은 작은 동물을 죽일 수 있을 정도로 강력하다.

스탯: 파워 / 공격력 / 순발력 / 난폭성 / 지능 / 방어력

분류	다족류>왕지네목>왕지네과>왕지네속
식성	육식(곤충, 거미, 전갈, 개구리 등)
무기	독을 품은 턱
습성	매우 사납다.
몸무게	30~50g
몸길이	20~40cm
서식지	동남아시아

예선 1

START!

장수말벌, 독침 공격!
장수말벌이 왕지네의 머리 위를 빙글빙글 돌자, 왕지네가 목을 쳐들고 장수말벌을 쫓는다. 그러나 장수말벌이 왕지네의 등에 내려앉는 데 성공한다.

기회를 놓치지 않고 장수말벌이 턱으로 왕지네의 등을 물었지만 단단한 껍데기 때문에 뚫리지 않는다. 그러자 이번에는 독침을 찔러 본다. 하지만 독침도 팅겨져 나온다.

턱과 독침 공격을 적에게 퍼붓다!

곤충왕 예선 첫 번째 배틀의 무대는 곤충의 천국인 숲속으로 정해졌다. 세계 최대의 말벌인 장수말벌과 세계 최대의 왕지네(아마존왕지네)의 대결이다. 장수말벌은 엉덩이에 독침을 품고 있으며, 왕지네는 날카로운 엄니 같은 턱에서 독을 뿜는다. 이번 배틀은 독침과 독턱의 싸움이 될 것이다.

곤충왕 토너먼트

POWER UP!

왕지네, 반격 시작!
등 공격을 포기한 장수말벌이 이번에는 왕지네의 머리 뒷부분을 노린다. 그러나 갑자기 왕지네가 벌렁 뒤집어지더니, 수많은 다리로 벌을 잡아 둥글게 만다.

꼼짝할 수 없게 된 장수말벌의 배를 왕지네가 독턱으로 찌른다.
독이 온몸에 퍼지자 장수말벌은 죽어, 그대로 왕지네의 먹이가 된다.

왕지네의 독이 온몸으로 퍼지다!

공격 포인트! 다리로 조이기

왕지네의 긴 몸과 수많은 다리에 몸이 감겨 버린 장수말벌은 아무것도 할 수 없었다.

장수말벌은 곤충류, 왕지네는 다족류이다. 사나운 파이터들의 싸움이었지만 체격은 물론 공격력과 방어력이 우세한 왕지네가 승리했다.

WINNER: 왕지네

청코너   예선 **2**

무엇이든 물어뜯는 인도네시아 귀뚜라미
대왕귀뚜라미
Sia ferox

★ 성인 남성과의 비교 ★

인도네시아에 서식하는 거대 곤충으로, 현지에서는 시아페록스라고 부른다. 야행성이며 강력한 힘을 가진 턱을 가지고 있다. 이 턱을 이용해 자기보다 큰 사냥감을 씹어 먹기도 한다. 대왕귀뚜라미를 다른 곳으로 옮길 때 턱으로 포장을 찢고 도망가는 경우도 있기 때문에 항상 방심할 수 없는 곤충이다.

파워 / 공격력 / 순발력 / 난폭성 / 지능 / 방어력

분류	곤충류>메뚜기목>어리여칫과>시아속
식성	육식(곤충)
무기	무엇이든 물어뜯는 턱
습성	사나우며 사람에게도 달려든다.
몸무게	20~30g
몸길이	6~9cm

서식지: 인도네시아

| 곤충왕 토너먼트 | 홍코너 |

세계 최대의 개미
디노포네라기간티
Giant ant

★ 성인 남성과의 비교 ★

전 세계에서 가장 큰 개미로, 자기보다 몸집이 큰 적에게도 달려들어 먹이로 삼는다. 개미의 독침은 개미가 진화하는 과정에서 대부분 퇴화되었는데 디노포네라기간티는 지금까지 독침을 가지고 있는 희귀한 종이다. 이 독침은 독의 양이 많아 사람이 찔릴 경우 호흡 곤란이 오거나 의식을 잃을 수 있다.

파워 / 공격력 / 순발력 / 난폭성 / 지능 / 방어력

분류	곤충류>벌목>개밋과>디노포네라속
식성	육식(곤충, 양서류, 파충류)
무기	독침
습성	매우 사납다.
몸무게	2~3g
몸길이	3~4cm

서식지: 남아메리카 열대 우림

예선 2

대왕귀뚜라미는 귀뚜라미와 여치의 중간쯤 되는 곤충의 일종이다. 그중에서도 대왕귀뚜라미는 특히 몸이 크고 성격이 사나운 포식자다. 이에 대적하는 디노포네라기간티 또한 세계에서 가장 큰 개미이며, 성격이 사나운 육식 곤충이다. 체격이나 파워에서는 대왕귀뚜라미가 유리하지만 엉덩이에 독침이 있는 디노포네라기간티도 충분히 승부를 걸어 볼 만하다.

작은 곤충의 위력!

디노포네라기간티, 독침 공격!

START!

대왕귀뚜라미는 작은 개미에게 관심이 없어 보인다. 하지만 디노포네라기간티에게는 아무리 큰 곤충이라도 먹잇감에 불과하다. 디노포네라기간티가 대왕귀뚜라미의 등에 올라타더니 날개를 물어 독침을 꽂는다.

하지만 대왕귀뚜라미의 날개는 너무 단단해서 디노포네라기간티의 독침이 꽂히지 않는다. 부드러운 배 부분을 노려 보지만 그것도 쉽지 않다.

곤충왕 토너먼트

POWER UP!

대왕귀뚜라미, 숨통을 끊는 필살기 공격!
대왕귀뚜라미는 날개를 떨어 디노포네라기간티를 등에서 떨어뜨린 다음, 앞발로 눌러 꼼짝 못하게 만든다. 디노포네라기간티는 대왕귀뚜라미의 배를 겨냥해 독침을 찔러 보지만 독침이 들어가지 않는다.

디노포네라기간티가 턱을 벌려 저항한다. 하지만 대왕귀뚜라미가 크고 강한 턱으로 디노포네라기간티의 가슴 부분을 물어 숨통을 끊어 버린다.

강력한 턱으로 적의 숨통을 끊는다!

몸집이 작은 개미에게 일대일 배틀은 힘든 싸움이었다. 디노포네라기간티의 독침이 대왕귀뚜라미를 찔렀다면 좀 더 흥미로운 싸움이 되었겠지만, 혼자서는 대왕귀뚜라미의 날개에 독침을 찌르기가 힘겨웠다.

WINNER 대왕귀뚜라미

공격 포인트! 강력한 턱 공격
대왕귀뚜라미의 큰턱은 곤충계 최강 수준이다. 물렸다 하면 대부분의 곤충은 목숨을 잃고 만다.

청코너 예선 3

사막의 독침 병기
데스스토커
Death stalker

★ 성인 남성과의 비교 ★

데스스토커는 주로 사막에 서식하는 전갈이다. 두꺼운 꼬리에는 독침이 있다. 이 독은 사람을 죽일 정도로 강력해서 적의 숨통을 끊어 놓을 수 있는 강력한 무기로 사용된다. 사막에서도 날렵하게 움직일 수 있고, 좁은 공간에서도 방향을 바꿀 수 있다. 성질이 매우 사나워서 일본에서는 반입을 금지하고 있다.

파워 / 공격력 / 순발력 / 난폭성 / 지능 / 방어력

분류	거미류>전갈목>전갈과
식성	육식(곤충, 작은 동물)
무기	두껍고 단단한 꼬리, 독침
습성	매우 공격적이다.
몸무게	8~12g
몸길이	5~11.5cm

서식지: 중동, 북아프리카, 유럽

곤충왕 토너먼트 | 홍코너

세계 최강의 독거미
브라질떠돌이거미
Brazilian wandering spider

★ 성인 남성과의 비교 ★

파워 / 공격력 / 순발력 / 난폭성 / 지능 / 방어력

둥지를 만들지 않고 밤에 떠돌아다니며 사냥한다. 한 마리가 품은 독이 수십 명의 사람을 죽일 정도로 매우 위험하다. 낮에는 햇빛을 피해 나무 그늘이나 바나나 숲에 숨어 있다가, 바나나와 함께 박스에 담겨 슈퍼마켓에 배달되는 사고가 일어나기도 한다. 그래서 '바나나거미'라는 별명이 있다.

분류	거미류>거미목>너구리거미과
식성	육식(곤충, 도마뱀 등의 파충류)
무기	엄니 끝에서 흐르는 독
습성	사냥감을 닥치는 대로 덮친다.
몸무게	5~6g
몸길이	5~8cm

서식지: 브라질 주변의 라틴 아메리카

103

예선 3

세 번째 배틀은 맹독 포식자끼리의 싸움이다. 데스스토커는 성격이 매우 거칠고 사나운 사막의 사냥꾼이다. 브라질떠돌이거미 역시 성격이 매우 사나운 세계 최고의 맹독 거미이다. 전갈과 독거미의 대결! 과연 어느 쪽이 강한지 이번 배틀에서 그 승부를 겨뤄 보자.

막상막하의 대결! 승자는 누구?

독거미, 적의 머리 강타!

START!

성격이 사나운 곤충들의 싸움이다. 양쪽 모두 조금의 망설임도 없이 공격을 시작한다. 브라질떠돌이거미가 데스스토커에게 바짝 다가가더니, 앞발 4개로 데스스토커의 머리를 덮친다.

브라질떠돌이거미가 독 엄니로 데스스토커의 숨통을 끊으려 하자, 데스스토커는 두 집게로 상대의 머리를 잡아 필사적으로 방어한다.

곤충왕 토너먼트

POWER UP!

데스스토커, 독침 공격 시도!
데스스토커는 꼬리를 활 모양으로 구부려 독침으로 찌르려고 하지만 좀처럼 기회를 잡을 수 없다. 몸싸움을 하다가 브라질떠돌이거미가 데스스토커의 등에 올라탄다.

이번에는 브라질떠돌이거미의 독 엄니가 데스스토커를 찌를 수 있을까? 그러나 그보다 먼저 데스스토커의 꼬리가 휘어지더니 브라질떠돌이거미의 뒤통수를 독침으로 찌른다.

기습 공격에 정신을 잃다!

브라질떠돌이거미는 강력한 독을 적에게 주입하지 못해 패배하고 말았다. 뛰어난 공격력을 선보이며 대결에서 승리한 데스스토커에게 큰 박수를 보낸다.

WINNER 데스스토커

공격 포인트!
기습적인 독침 공격

꼬리를 활처럼 젖혀서 머리 위로 찌르는 독침 공격은 방어하기가 매우 어려운 공격이다.

청코너 예선 4

공포의 낫을 쥔 저승사자
왕사마귀
Giant mantis

★ 성인 남성과의 비교 ★

왕사마귀는 몸 빛깔이 주로 녹색이나 갈색을 띤다. 꽃그늘에 숨어 벌이나 나비를 기다렸다가 낫처럼 생긴 다리로 재빨리 사냥감을 잡아챈다. 뾰족한 다리를 모으고 있는 모습이 사람이 두 손을 모으고 기도하는 모습과 닮았다고 하여 승려에 비유하기도 한다. 하지만 실제로는 성질이 매우 거칠고 사납다.

능력치: 파워, 공격력, 순발력, 난폭성, 지능, 방어력

분류	곤충류>사마귀목>사마귓과>사마귀속
식성	육식(매미, 중베짱이, 도마뱀 등의 양서류)
무기	낫 모양의 강력한 다리
습성	거칠고 사납다.
몸무게	10~14g
몸길이	8~10cm

서식지: 한국, 일본, 중국, 동남아시아

곤충왕 토너먼트 — 홍코너

왕넓적사슴벌레
최강의 괴력을 가진 사슴벌레

Giant stag beetle

★ 성인 남성과의 비교 ★

능력치: 파워 / 공격력 / 순발력 / 난폭성 / 지능 / 방어력

장갑차(전투 차량) 모양을 닮은 사슴벌레로, 몸이 매우 단단하고 힘도 세다. 2개의 강력한 뿔 사이에 끼였다가 내던져지면 심한 경우에는 몸이 두 동강으로 잘릴 수 있다. 행동이 둔하다는 단점을 보완해 줄 만큼 공격력과 방어력이 뛰어나다. 성격이 매우 거칠어서 다른 딱정벌레들이 접근하지 못한다.

분류	곤충류>딱정벌레목>사슴벌렛과>왕사슴벌레속
식성	초식(나뭇진)
무기	강력한 2개의 뿔
습성	먹이를 먹을 때 방해하면 용서하지 않는다.
몸무게	8~12g
몸길이	6~10cm

서식지: 일본, 중국, 동남아시아

예선 4

START!

왕사마귀의 앞다리 공격!
왕사마귀는 자신의 특기인 앞다리 공격을 시작한다. 낫처럼 생긴 2개의 다리로 왕넓적사슴벌레의 거대한 턱을 잡아 꼼짝 못하게 하는 작전이다. 왕사마귀의 다리에 끼이면 대부분의 곤충이 꼼짝 못하게 된다.

앞다리로 공격하는 작전을 펼치다!

그러나 왕사마귀의 앞다리 공격이 왕넓적사슴벌레의 힘을 이기지 못한다. 왕넓적사슴벌레는 가슴을 뒤로 힘껏 젖혀서 왕사마귀를 뒤로 내던진다.

예선 마지막 배틀은 왕사마귀와 왕넓적사슴벌레의 대결이다. 왕사마귀는 낫처럼 생긴 뾰족한 다리로 사냥을 한다. 왕사마귀 중에는 몸길이가 10cm를 넘는 것도 있으며, 이런 왕사마귀는 작은 뱀이나 개구리를 잡아먹기도 한다. 이에 대적하는 왕넓적사슴벌레는 초식 곤충이지만 몸이 단단하고 강하며 성격이 거칠다. 사슴벌렛과의 상징인 큰턱으로 적을 조르는 위력이 대단하다.

곤충왕 토너먼트

왕넓적사슴벌레의 큰턱 파워!
왕사마귀는 왕넓적사슴벌레의 머리를 향해 펀치를 계속 퍼붓지만 아무 소용이 없다. 화가 난 왕넓적사슴벌레가 큰턱으로 왕사마귀의 몸통을 집는다.

POWER UP!

왕넓적사슴벌레가 큰턱으로 왕사마귀를 세게 조이기 시작한다. 왕사마귀는 도망가려고 버둥거리다가 결국 질식해 죽고 만다.

왕사마귀는 사마귀 중에서 가장 큰 종에 속하며, 낫처럼 생긴 강력한 다리도 가지고 있다. 하지만 몸이 단단하고 힘도 센 왕넓적사슴벌레를 상대하기에는 역부족이었다.

WINNER 왕넓적사슴벌레

공격 포인트! 필살의 턱 공격
조르는 힘이 강한 왕넓적사슴벌레의 큰턱에 걸리면 살아남기 어렵다.

최강 곤충왕 예선 평가

곤충왕 예선에서는 승리를 예상하지 못했던 출전자들이 싸움을 리드해 눈길을 끌었다. 흥미진진했던 배틀 무대를 평가해 본다.

맹독 공격의 허점이 드러나다!

곤충왕 배틀 예선에서는 먹느냐 먹히느냐의 처참한 전투가 이어졌다. 특히 왕지네와 대왕귀뚜라미는 패자를 그대로 포식해 약육강식의 살벌함을 보여 주었다.
장수말벌과 왕지네의 배틀에서는 맹독 공격의 허점이 드러나면서 예상치 못한 승자가 나오기도 했다. 몸의 표면이 딱딱한 상대를 공격할 때는 독침이나 독니로 몸의 표면을 뚫거나 딱딱하지 않은 눈 부위를 공격해야 하는데, 장수말벌은 왕지네의 딱딱한 몸을 뚫지 못해 패하고 말았다.

출전자 모두 맹독을 지닌 데스스토커와 브라질 떠돌이거미의 배틀에서는 뛰어난 공격력을 선보인 데스스토커가 승리했다.

독침 공격을 제대로 발휘하지 못해 패하고 만 장수말벌. 스페셜 배틀의 단체전에서 다시 만날 수 있다.

곤충왕 예선 승자

왕지네   대왕귀뚜라미
데스스토커   왕넓적사슴벌레

디노포네라기간티와 대왕귀뚜라미의 배틀에서는 대왕귀뚜라미가 곤충계 최강 큰턱의 위력을 선보이며 승리했다.

최강 동물 상식
동물의 스피드 순위

힘이 아무리 센 동물이라도 스피드에서 밀리면 배틀에서 승리할 수 없다. 그만큼 스피드는 매우 중요한 능력 중의 하나이다. 《최강왕 동물 배틀》에 출전한 동물 중에서 달리기, 날기, 헤엄치기 순위를 알아보자.

■ **달리기**
1등: 점박이하이에나
2등: 회색늑대
3등: 사자

점박이하이에나는 시속 65km로 달릴 수 있다. 이는 100m의 거리를 약 5.5초 만에 달릴 수 있는 매우 빠른 속도이다.

■ **날기**
1등: 검독수리
2등: 수리부엉이
3등: 장수말벌

검독수리는 시속 240km 속도로 날 수 있다. 이는 소형 비행기의 속도보다 빠른데, 실제로 프로펠러 비행기를 추월했다는 기록이 있다.

■ **헤엄치기**
1등: 범고래
2등: 백상아리
3등: 향유고래

범고래는 포유류 중에서 돌고래와 함께 가장 빨리 헤엄칠 수 있는 동물로 꼽힌다. 범고래의 헤엄치는 속도는 최고 시속 70km 정도이며, 빠른 속도로 들이받을 경우 그 파괴력이 엄청나다고 한다.

최강 동물왕 배틀

준결승전

육지왕 준결승전

청코너	배틀 1 VS 114~115p	홍코너
 아프리카코끼리		 라텔
 사자	배틀 2 VS 116~117p 	 검독수리

수중왕 준결승전

청코너	배틀 도전자	청코너
돌발 파이터  북극곰		 바다악어 돌발 파이터

청코너	배틀 1 VS 118~119p	홍코너
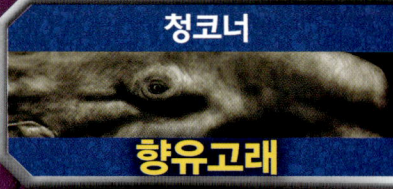 향유고래		 범고래
 북극곰	배틀 2 VS 120~121p 	?  배틀 1의 승자

BATTLE

청코너 — 백상아리
배틀 3 VS 122~123p
홍코너 — 레오파드바다표범

청코너 — 바다악어
배틀 4 VS 124~125p
홍코너 — ? 배틀 3 의 승자

곤충왕 준결승전

청코너 — 왕지네
배틀 1 VS 126~127p
홍코너 — 대왕귀뚜라미

청코너 — 데스스토커
배틀 2 VS 128~129p
홍코너 — 왕넓적사슴벌레

육지왕 배틀 도중 자취를 감췄던 북극곰과 바다악어가 느닷없이 나타나 수중왕 준결승전에 출전한다. 이들의 돌발 행동에 모두가 깜짝 놀랐지만, 한편으로는 육지 동물과 수중 동물 간의 배틀을 기대하는 분위기이다. 격렬한 싸움을 이겨내고 준결승전에 출전하는 강자들의 멋진 무대를 기대해 본다.

청코너 아프리카코끼리 ★★★★★★★★★★ **준결승전 1**

라텔, 전투 모드 돌입! START!

아프리카코끼리는 몸집이 작은 라텔을 상대로 싸울 마음이 생기지 않는지, 코를 뻗어 라텔의 냄새만 맡고 있다. 한편 라텔은 자세를 낮춰 전투 모드에 돌입한다.

작지만 결코 기죽지 않는다!

라텔은 아프리카코끼리의 코가 눈앞에 다가오자, 코끝을 물어 버린다. 놀란 아프리카코끼리가 라텔을 매단 채 코를 번쩍 들어 올린다.

육지왕 준결승전의 첫 번째 배틀은 아프리카코끼리와 라텔의 대결이다. 아프리카코끼리는 알래스카불곰과 기린을 누르고 준결승전까지 올라왔다. ❷라운드에 갑자기 나타난 라텔은 작은 몸집으로 아메리카들소의 전의를 상실시키고 배틀에서 승리했다. 라텔이 자신보다 몇 배나 큰 아프리카코끼리를 상대로 이번에는 어떤 공격을 펼칠지 기대된다.

| 육지왕 토너먼트 | 라텔 홍코너 |

POWER UP!

아프리카코끼리, 무자비한 공격!

아프리카코끼리가 코를 흔들어 코끝에 매달린 라텔을 떨어뜨린다. 라텔이 아프리카코끼리의 앞발 바로 앞에 나가떨어진다.

라텔이 당황해서 일어나려고 했지만 그럴 틈도 없이 아프리카코끼리의 거대한 앞발이 라텔을 짓밟는다. 라텔은 제대로 싸워 보지도 못하고 목숨을 잃고 만다.

거대한 앞발이 라텔을 짓밟다!

공격 포인트! 분노의 짓밟기

아프리카코끼리에게 밟히면 작은 동물은 압사하고, 거대 동물도 거의 죽음에 가까운 중상을 입는다.

라텔의 등가죽은 굉장히 튼튼해서 사자의 발톱이나 엄니를 확실하게 방어할 수 있다. 하지만 강력한 코끼리의 파워를 당해 내기에는 역부족이었나 보다. 승리한 아프리카코끼리가 결승전에 진출한다.

WINNER: 아프리카코끼리

청코너 사자

준결승전 2

육지왕 준결승전의 두 번째 배틀은 동물의 왕 사자와 조류의 왕 검독수리의 대결이다. 사자는 마운틴고릴라와 코모도왕도마뱀을 쓰러뜨리고, 검독수리는 킹코브라와 큰화식조를 누르고 준결승전에 올라왔다. 체격과 파워 면에서는 사자가 확실히 앞서지만 검독수리는 공중에서 공격할 수 있다는 유리함이 있다. 두 파이터 모두 매우 사나운 성격으로 격렬한 배틀이 될 것이다.

START!

검독수리, 기습 공격!
검독수리는 하늘을 맴돌며 사자의 등 뒤를 노린다. 사자는 새 따위를 적으로 생각하지 않고, 그다지 신경 쓰지 않는 것 같다.

방심하던 사자 기습 공격을 당하다!

갑자기 검독수리가 사자를 향해 빠른 속도로 내려온다. 그리고 발톱으로 사자의 뒤통수를 잡아당기며 쓰러뜨리려고 한다. 사자는 잠시 비틀거렸지만 쓰러지지는 않는다.

육지왕 토너먼트 | 검독수리 홍코너

POWER UP!

사자, 놀라운 점프력!

땅에 내려온 검독수리에게 사자가 엄니를 들이댄다. 검독수리는 사자를 위협하면서 다시 날아오르기 위해 날갯짓을 한다.

검독수리가 3~4m 높이까지 날아올랐을 때 사자가 점프해 검독수리를 잡는다. 그리고 땅으로 끌고 내려와 목을 물어 버린다.

공격 포인트! 놀라운 점프력

사자가 점프해서 앞발을 뻗치면 4m 정도의 높이까지는 쉽게 닿을 수 있다.

거대한 새가 날아오를 때는 빈틈이 생긴다. 날갯짓을 하는 사이에는 공격이나 방어를 할 수 없기 때문이다. 그런 빈틈을 노리고 공격한 사자의 전략이 성공했다.

WINNER: 사자

청코너 향유고래 ★★★★★★★★★★ 준결승전 1

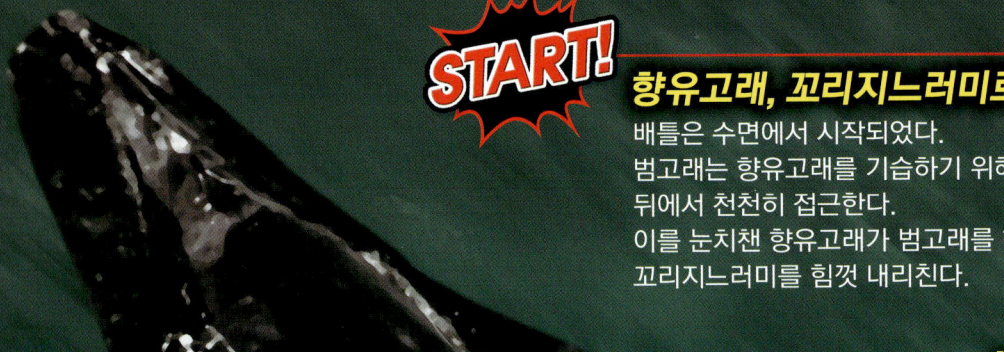

START!

향유고래, 꼬리지느러미로 공격!
배틀은 수면에서 시작되었다.
범고래는 향유고래를 기습하기 위해
뒤에서 천천히 접근한다.
이를 눈치챈 향유고래가 범고래를 향해
꼬리지느러미를 힘껏 내리친다.

상상할 수 없는 꼬리지느러미의 위력!

범고래가 재빨리 물속으로 가라앉아
향유고래의 꼬리지느러미를 피한다. 그리고
향유고래의 뒤쪽에 자리를 잡는다.

수중왕 준결승전 첫 번째 배틀은 향유고래와 범고래의 대결이다. 수중왕 예선에서 향유고래는 거대한 대왕오징어를 전투 불능의 상태로 만들었다. 그리고 범고래는 긴 엄니를 가진 외뿔고래를 상대로 맹렬한 수중전을 펼쳤다. 파워로는 향유고래가, 사나움으로는 범고래가 우세하기 때문에 막상막하의 흥미진진한 배틀이 예상된다.

수중왕 토너먼트 ★★★★★★★★★★★ 범고래 홍코너

POWER UP!

범고래, 끈질긴 기습 공격!
외뿔고래와의 배틀에서는 닥치는 대로 공격해 성공했던 범고래! 하지만 이번에는 쉽지 않다. 몇 번의 공격을 실패하고 기회를 노리던 범고래가 갑자기 향유고래의 가슴지느러미를 덥석 문다. 그리고 몸을 흔들어 지느러미를 찢는다.

가슴지느러미가 찢긴 향유고래는 고통스러워하며 바닷속으로 도망가 버린다. 범고래는 공격을 멈추고 수면 위로 떠오른다.

적의 숨통을 끊을 기회를 노리다!

공격 포인트!
맹렬한 기습 공격

지능과 공격력이 뛰어난 범고래는 상대방의 빈틈을 잘 노린다. 이번에는 가슴지느러미였다.

향유고래가 바닷속으로 도망가고 범고래의 승리로 끝이 났다. 향유고래는 범고래의 기습 공격에 겁을 먹고 전의를 상실해 도망간 것이다.

WINNER 범고래

청코너 **북극곰** 돌발 파이터 ★★★★★★★★★★ **준결승전** 2 ★

START!

북극곰, 앞발 펀치!

북극곰이 얼음 위에서 배틀 상대를 기다리고 있다. 범고래가 물속에서 갑자기 나타나더니 얼음 위로 몸을 반쯤 올려놓는다. 놀란 북극곰이 두 발로 일어서서 범고래를 위협한다.

얼음 위에서 싸움을 시작하다!

북극곰이 앞발로 펀치를 날려 범고래의 얼굴을 때린다. 상처가 깊지는 않지만 범고래의 살갗에 발톱 자국이 생긴다.

준결승전 첫 번째 배틀에서 향유고래를 상대로 승리한 범고래가 북극곰과 만났다. 북극곰은 육지왕 예선 ❶라운드에서 시베리아호랑이를 이기고 사라졌다가 갑자기 나타났다. 북극곰이 사라졌던 이유는 미스터리로 남은 채 두 번째 배틀이 시작되었다. 북극곰이 얼음 바다가 익숙하다고는 해도 과연 범고래를 이길 수 있을지 궁금하다.

수중왕 토너먼트 — 범고래 홍코너

POWER UP!

범고래, 물귀신 작전!
범고래가 반격을 시작한다. 몸을 좌우로 크게 흔들더니 거대한 몸으로 북극곰을 들이받아 바다로 빠뜨린다. 얼음 위에 있던 범고래도 북극곰을 쫓아 물속으로 뛰어든다.

북극곰이 물속에서 꼼짝없이 당하다!

헤엄을 잘 치는 북극곰도 물속에서는 범고래를 이기기 어렵다. 범고래가 북극곰의 다리를 물더니 바다 깊숙이 빠뜨려 익사시킨다.

공격 포인트! 수중 공격

거대한 북극곰도 물속에서는 범고래에게 꼼짝할 수 없었을 것이다.

북극곰이 수중왕 준결승전에 난입했다가 오히려 범고래에게 당해 목숨을 잃고 말았다. 실제 자연에서도 범고래가 북극곰을 잡아먹는 일이 있으니, 북극곰은 배틀 상대를 잘못 만난 셈이다.

WINNER 범고래

| 청코너 **백상아리** | ★★★★★★★★★ 준결승전 **3** |

레오파드바다표범, 기선 제압! **START!**

강적과의 대결을 앞두고 백상아리가
불안한 모습을 보이며 한곳을 계속 맴돈다.
그 모습을 본 레오파드바다표범이 갑자기 달려들어
백상아리의 가슴지느러미를 물어 버린다.

백상아리가 죽을 힘을 다해
레오파드바다표범을 떨쳐 내지만,
가슴지느러미에서는 피가 흐른다.
피를 흘리며 바다 깊숙이
도망가는 백상아리!

바다코끼리와의 혈투에서 승리한 백상아리와 곰치를 쓰러뜨리고 준결승전에
진출한 레오파드바다표범의 대결이다. 둘 다 어류 대 포유류의 배틀에서 승리하고
올라왔지만, 또다시 어류 대 포유류의 배틀을 하게 되었다. 체격 면에서는
백상아리가 유리하지만, 레오파드바다표범의 공격력도 만만치 않기 때문에
흥미진진한 배틀이 될 것이다.

| 수중왕 토너먼트 | 레오파드바다표범 홍코너 |

POWER UP!

백상아리, 기습 반격!
레오파드바다표범이 승리했다고 생각하는 순간, 도망갔던 백상아리가 바다 깊은 곳에서 맹렬한 스피드로 치고 올라온다. 범고래가 외뿔고래를 공격했을 때와 같은 공격 방법이다.

백상아리는 레오파드바다표범을 물더니 그대로 수면 위로 점프한다. 백상아리의 날카로운 이빨 공격에 레오파드바다표범의 몸이 찢겨져 숨통이 끊어진다.

날카로운 이빨로 숨통을 끊다!

공격 포인트!
날카로운 이빨 공격

백상아리는 적의 바로 밑에서 치고 올라가 날카로운 이빨로 적의 몸을 찢는다.

바다 깊은 곳에서 맹렬한 스피드로 치고 올라와 사냥감을 덮치는 것은 백상아리의 주 특기이다. 백상아리의 스피드와 강력한 이빨이 이번 배틀의 승부를 가리는 데 중요한 무기가 되었다.

WINNER 백상아리

청코너 바다악어 돌발 파이터 ★★★★★★★★ 준결승전 4

START!

백상아리, 엄니 공격!

수심이 얕은 물가에서는 백상아리가 바다 깊은 곳에서부터 치고 올라와 적을 공격하는 전략을 쓸 수 없다. 그래서 백상아리는 바다악어를 바다 한가운데로 끌고 갈 기회를 엿보고 있다. 바다악어의 주변을 천천히 맴돌던 백상아리가 갑자기 바다악어의 배를 문다.

백상아리는 몸을 크게 흔들어 바다악어를 물어뜯으려고 한다. 하지만 바다악어의 피부가 너무 단단해서 백상아리의 엄니가 들어가지 않는다.

강력한 엄니 공격은 실패로 끝날 것인가?

육지왕 예선 ❶라운드에서 악어거북을 쓰러뜨리고 승리한 바다악어! ❷라운드에 진출하지 않고 사라졌던 바다악어가 수중왕 준결승전에 나타났다. 바다악어도 북극곰과 마찬가지로 왜 사라졌었는지 그 이유를 알 수는 없다. 바다악어를 상대할 파이터는 레오파드바다표범을 무참히 살해한 백상아리가 되었다. 바다악어의 출전으로 이번 배틀은 수심이 얕은 물가에서 시작되었다.

수중왕 토너먼트 ★★★★★★★★★★★★ 백상아리 홍코너

POWER UP!

바다악어, 데스롤 공격!
엄니 공격에 실패한 백상아리가 이번에는 바다악어를 향해 정면으로 돌진한다. 두 파이터 모두 입을 크게 벌리고 달려든다. 백상아리는 바다악어의 아래턱을 물고, 바다악어는 백상아리의 위턱과 머리를 무는 모양새가 되었다.

바다악어가 백상아리를 문 채로 죽음의 회전, *데스롤을 시작한다. 백상아리의 위턱과 머리뼈가 무시무시한 힘을 받아 결국 부서지고 만다.

*데스롤(Death roll): 자신의 몸을 회전시켜 먹잇감의 뼈와 살을 찢는 공격 기술을 말한다.

데스롤 기술에 무참히 무너지다!

공격 포인트! 죽음의 데스롤

데스롤은 '죽음의 회전'이라고 할 정도로 무시무시한 위력의 공격 기술이다.

백상아리는 돌발 파이터에게 패배해 결승전 진출에 실패하고 말았다. 범고래와 백상아리의 배틀을 기대했던 사람들에게는 유감이지만, 결승전은 범고래와 바다악어의 대결이 되었다.

WINNER: 바다악어

청코너 왕지네 준결승전 1

왕지네, 맹독 공격!
대왕귀뚜라미가 왕지네의 머리를 누르자, 왕지네는 몸을 비틀며 저항한다. 왕지네의 계속된 저항에 주춤하는 대왕귀뚜라미! 그때 왕지네가 반격에 나선다.

START!

왕지네의 독 공격이 성공할 수 있을까?

왕지네는 독이 든 턱으로 대왕귀뚜라미의 머리를 공격한다. 대왕귀뚜라미의 몸속으로 맹독이 퍼지면 왕지네의 승리다. 그러나 대왕귀뚜라미의 머리가 너무 단단해서 왕지네의 턱으로는 찌를 수가 없다.

곤충왕 준결승전의 첫 번째 배틀은 왕지네와 대왕귀뚜라미의 대결이다. 왕지네는 예선에서 장수말벌을 긴 몸과 다리로 감은 다음 맹독이 든 턱으로 찔러 숨통을 끊었다. 대왕귀뚜라미는 세계 최대의 개미 디노포네라기간티를 물어 잔혹하게 죽였다. 두 파이터 모두 사나운 포식자이므로 강렬한 싸움이 될 것이다.

곤충왕 토너먼트 ★★★★★★★ 대왕귀뚜라미 홍코너

POWER UP!

대왕귀뚜라미, 앞발 반격!
왕지네는 무수한 발과 긴 몸으로 대왕귀뚜라미를 둥글게 만다. 대왕귀뚜라미에게 큰 위기가 닥친 것이다. 하지만 앞발 2개만은 왕지네에게 말리지 않아 자유롭게 움직일 수 있다.

왕지네가 독이 든 턱으로 공격하려는 순간, 대왕귀뚜라미가 앞발 2개로 왕지네의 머리를 잡아 턱으로 깨물어 버린다.

공격 포인트!
괴력의 턱 공격

대왕귀뚜라미의 강한 턱이 왕지네의 머리를 뚫었다.

앞발 2개를 이용한 대왕귀뚜라미의 대역전승! 특별한 무기나 독이 없는 대왕귀뚜라미가 승리한 이유는 단단한 몸, 강한 턱, 강인한 기질을 가지고 있었기 때문이다.

WINNER 대왕귀뚜라미

청코너 데스스토커 ★★★★★★★★★★ 준결승전 2

곤충왕 준결승전의 두 번째 배틀은 데스스토커와 왕넓적사슴벌레의 대결이다. 데스스토커는 예선에서 펼쳐진 브라질떠돌이거미와의 맹독 대결에서 승리했다. 그리고 왕넓적사슴벌레는 큰턱의 파워로 왕사마귀를 목 졸라 죽였다. 데스스토커의 독침이 왕넓적사슴벌레를 찌를 것인지, 왕넓적사슴벌레의 큰턱이 데스스토커를 찌를 것인지는 두고 봐야 한다.

데스스토커, 독침 공격! START!

왕넓적사슴벌레는 침착하게 데스스토커에게 다가가 큰턱으로 쿡 찌른다. 그리고 데스스토커의 반응을 살핀다. 화가 난 데스스토커는 2개의 집게발을 들어 올려 위협 자세를 취한다.

독침 공격이 실패하다!

데스스토커가 독침으로 왕넓적사슴벌레의 머리 부분을 찌르려고 한다. 그러나 독침은 딱딱한 외골격을 뚫지 못하고 튕겨져 나온다.

| 곤충왕 토너먼트 | 왕넓적사슴벌레 홍코너 |

왕넓적사슴벌레, 큰턱 공격!
몸으로 데스스토커를 제압하는 왕넓적사슴벌레! 데스스토커가 집게발로 대응해 보지만 결국 왕넓적사슴벌레의 큰턱에 잡히고 만다.

번쩍 들어올려 던져 버리다!

왕넓적사슴벌레가 큰턱으로 데스스토커의 목을 조를 것이라는 예상을 깨고 데스스토커를 멀리 내던져 버린다. 겨우 목숨을 건진 데스스토커는 빠른 걸음으로 도망을 친다.

공격 포인트!
메치기 공격

레슬링 선수의 메치기 기술 같던 왕넓적사슴벌레의 공격이 데스스토커를 무너뜨렸다.

강인한 몸과 메치기 기술을 지닌 왕넓적사슴벌레는 역시 강했다. 왕사마귀의 앞다리 공격도 통하지 않았고 데스스토커의 독침도 소용이 없었다. 대왕귀뚜라미와 겨루는 결승전이 매우 흥미로울 것으로 기대된다.

WINNER 왕넓적사슴벌레

최강 동물왕 준결승전 평가

돌발 파이터들의 난입으로 예상치 못한 배틀이 전개되었다.
흥미진진하고 강렬했던 준결승전을 평가해 본다.

스피드와 파워의 한계가 드러나다!

라텔과 검독수리의 최대 강점인 스피드가 준결승전에서는 상대방의 파워에 제압당하고 말았다.
이로써 스피드와 파워도 어떤 상대를 만나느냐에 따라 한계가 드러날 수 있다는 것이 증명되었다. 이럴 때는 맹독 같은 무기가 승패에 큰 영향을 줄 것이다.
준결승전에서는 막상막하의 공격력으로 우위를 가르기 힘든 배틀도 있었다.
특히 바다악어와 백상아리의 서로 물고 무는 공격은 금방 승부가 나지 않는 매우 치열한 배틀이었다.

왕지네와 대왕귀뚜라미의 강력한 턱 배틀! 결국 대왕귀뚜라미의 승리로 결론이 났다.

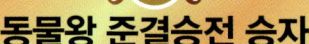

검독수리가 스피드와 비행 실력으로 준결승전까지 올라왔지만, 사자의 점프력에 무너지고 말았다.

동물왕 준결승전 승자

- **육지**: 아프리카코끼리 사자
- **수중**: 범고래 바다악어
- **곤충**: 대왕귀뚜라미 왕넓적사슴벌레

바다악어는 백상아리를 상대로 데스롤이라는 강력한 기술을 선보이며 멋진 배틀을 펼쳤다.

청코너 — 특수 능력전

물 밑에 숨어 있는 공포의 전기 충격기
전기뱀장어
Electric eel

★ 성인 남성과의 비교 ★

전기를 만들어 내는 특수한 근육 세포를 가지고 있다. 큰 동물과 부딪치면 전기를 내보내 상대를 마비시키고, 그 사이에 도망쳐 버린다. 약한 전기를 내보내 주변의 모습을 탐색하다가 적이나 사냥감이 나타나면 800V(볼트)나 되는 강한 전기를 발생시켜 공격한다. 전기뱀장어를 밟은 사람이나 말이 감전되는 일도 있다.

- **분류**: 어류>잉어목>전기뱀장어과
- **식성**: 육식(작은 어류)
- **무기**: 적을 감전시키는 고압 전기
- **습성**: 약한 전기로 주위를 신중하게 살핀다.
- **몸무게**: 15~20kg
- **몸길이**: 2.0~2.5m
- **서식지**: 남아메리카 북부

| 스페셜 배틀 | 홍코너 |

무시무시한 독을 쏘는 살인 해파리
키로넥스플렉케리
Sea wasp

★ 성인 남성과의 비교 ★

파워 / 공격력 / 순발력 / 난폭성 / 지능 / 방어력

해파리 중에서 가장 강한 독을 가졌으며 '바다의 말벌'이라고도 불린다. 이 해파리의 촉수에 찔린 사람은 신체 괴사(썩음), 시력 저하, 호흡 곤란 등을 일으키면서 10분 이내에 사망한다. 지금까지 확인된 사망자만 5,000명이 넘는다. 해파리치고는 드물게 시속 7.4km로 빠르게 헤엄치는 능력이 있다.

분류	상자해파리류>키로드로피다목>키로드로피디과
식성	육식(작은 물고기, 갑각류 등)
무기	촉수에 있는 강력한 독
습성	물 위에 떠다니며 이동한다.
몸무게	1~2kg
몸길이	약 3m

서식지: 오스트레일리아 북부와 동남아시아 바다

특수 능력전

키로넥스플렉케리, 독침 발사!
START!

키로넥스플렉케리는 평소에 잡아먹는 먹잇감보다 훨씬 큰 전기뱀장어를 보고 조심스럽게 접근한다. 전기뱀장어는 낯선 해파리를 꼼짝도 하지 않고 쳐다본다.

키로넥스플렉케리는 자신의 촉수가 전기뱀장어에 닿을 수 있는 거리까지 다가간다. 그리고 갑자기 촉수 세포에서 독침을 발사한다. 과연 맹독이 전기뱀장어의 숨통을 끊을 수 있을까?

촉수 세포에서 독침을 발사하다!

스페셜 배틀의 첫 번째는 특수 능력을 가진 동물들의 대결로, 전기뱀장어와 키로넥스플렉케리가 출전한다. 한쪽은 전기를 일으키는 발전 능력으로 적을 감전시키는 전기 물고기이고, 다른 한쪽은 세계 최강의 독을 가졌다고 알려진 맹독 해파리다. 각각 민물과 바닷물에 서식하는 이들은 둘 다 생존할 수 있는 특별한 물웅덩이에서 배틀을 펼치게 되었다.

스페셜 배틀

전기뱀장어, 강력한 전기 공격!
전기뱀장어의 피부 표면에 있는 미끈미끈한 점액과 두꺼운 지방 때문에 키로넥스플렉케리는 독침 공격에 실패한다. 그러자 키로넥스플렉케리가 더 많은 촉수를 뻗는다.

공격 포인트!
위협적인 고압 전기

전기뱀장어는 몸의 80%가 전기를 만들어 내는 근육 세포로 되어 있다.

키로넥스플렉케리의 추가 공격에 통증을 느낀 전기뱀장어가 강력한 전기를 쏘며 반격을 가한다. 키로넥스플렉케리는 순식간에 고압 전기에 감전되어 죽어 버린다.

키로넥스플렉케리의 독이 전기뱀장어를 얼마나 고통스럽게 했는지는 정확히 알 수 없다. 하지만 악어와 말을 실신시킨다고 알려진 전기뱀장어의 고압 전기가 훨씬 강력하다는 것이 이번 배틀에서 증명되었다.

WINNER 전기뱀장어

청코너 | 육지 동물 단체전

뼈까지 먹어 치우는 초원의 사냥꾼
점박이하이에나
Spotted hyena

★성인 남성과의 비교★

최고 시속 65km의 재빠른 달리기 실력과 사냥감을 수 km 이상 쫓아갈 수 있는 튼튼한 체력을 갖추었다. 독특한 울음소리로 무리의 동료들과 의사소통을 하며 사냥을 하기 때문에 사자나 치타보다 사냥 성공률이 높다. 사냥감의 뼈를 비상식량으로 보관하는 지능까지 갖춘 우수한 사냥꾼이다.

파워 / 공격력 / 순발력 / 난폭성 / 지능 / 방어력

분류	포유류>식육목>하이에나과>점박이하이에나속
식성	육식(얼룩말, 가젤 등의 포유류)
무기	체력, 뼈까지 씹어 먹는 강한 턱
습성	무리 지어 산다.
몸무게	55~85kg
몸길이	1.2~1.6m

서식지: 아프리카

| 스페셜 배틀 | 홍코너 |

먹이를 놓치지 않는 끈질긴 사냥꾼
회색늑대
Gray wolf

★ 성인 남성과의 비교 ★

파워 / 공격력 / 순발력 / 난폭성 / 지능 / 방어력

회색늑대는 냄새로 사냥감의 크기와 건강 상태를 파악한 후 사냥한다. 말코손바닥사슴 같은 큰 동물을 사냥할 때는 무리의 동료들과 교대하며 계속 쫓는다. 그리고 사냥감이 지친 기색을 보이면 옆구리나 꼬리를 물어 약해지게 만든 후 숨통을 끊어 잡아먹는다. 신중하면서도 주도면밀한 숲의 사냥꾼이다.

분류	포유류>식육목>갯과>개속
식성	육식(사슴, 염소 등의 포유류)
무기	뛰어난 후각, 체력, 협동심
습성	무리 지어 산다.
몸무게	20~80kg
몸길이	1.0~1.6m

서식지: 유럽, 아시아, 북아메리카

육지 동물 단체전

START!

두 무리의 대치 작전!

점박이하이에나와 회색늑대 각 7마리가 대치하고 있다. 회색늑대 무리가 활발하게 움직이는 데 비해 점박이하이에나들의 움직임이 적어지더니, 차츰 회색늑대가 점박이하이에나를 둘러싸는 형태가 된다.

주위를 에워싸며 싸움을 건다!

여기저기서 작은 싸움이 시작된다. 가운데로 모인 점박이하이에나 무리를 회색늑대들이 바깥쪽에서 공격하는 모양새이다.

호랑이와 치타, 곰 등은 혼자서 사냥을 한다. 하지만 암컷 사자를 비롯한 많은 육식 동물들이 무리 지어 사냥을 한다. 혼자서는 강하지 않은 동물도 여럿이 무리를 이루면 강력한 힘을 발휘하기 때문이다. 그래서 특수 능력전에 이어 단체전을 스페셜 배틀로 편성하게 되었다. 첫 번째 단체전은 육지 동물 단체전으로, 점박이하이에나와 회색늑대의 대결이다.

스페셜 배틀

POWER UP!

회색늑대, 협공 개시!

싸움 도중 점박이하이에나 1마리가 무리에서 벗어나자, 회색늑대 2마리가 따라붙어 꼬리와 목덜미를 물며 공격한다. 회색늑대들의 협동 공격에 점박이하이에나는 고통을 참지 못하고 도망가 버린다.

또 다른 점박이하이에나 1마리가 회색늑대 무리의 표적이 되어서 거센 공격을 받고 도망간다. 이런 식으로 점박이하이에나들이 뿔뿔이 흩어지면서 회색늑대의 승리로 끝이 난다.

협동 공격으로 적을 무찌르다!

공격 포인트! 막강 협동 공격

양측 모두 사냥감을 몰아넣는 전술이 특기인 맹수들이다. 이번에는 협동 공격을 펼친 회색늑대가 더 유리했다.

턱의 힘은 점박이하이에나가 더 강하지만 이번 배틀에서는 회색늑대의 재빠른 기습이 우세했다. 단체전이 아니라 한 마리씩 출전해 단독 배틀을 펼쳐도 좋았을 만큼 두 동물의 단체전은 흥미진진했다.

WINNER: 회색늑대

청코너

곤충 단체전

세계 최대의 살인 벌

장수말벌
Asian giant hornet

★ 성인 남성과의 비교 ★

장수말벌은 나무뿌리에 둥지를 틀고 무리 지어 산다. 우리나라에 서식하는 벌 중에서 가장 크고 힘이 센 말벌이다. 다른 곤충의 딱딱한 외골격을 씹어 먹을 수 있는 강한 큰턱이 있다. 가을에는 유충(애벌레)을 키우기 위해 많은 먹이를 말벌집으로 가지고 돌아오기 때문에 공격성이 매우 강해진다.

파워 / 공격력 / 순발력 / 난폭성 / 지능 / 방어력

분류	곤충류>벌목>말벌과>말벌속
식성	잡식(나뭇진, 풍뎅이, 노린재, 나비 등)
무기	강한 독성을 가진 독침
습성	가을에는 사나워진다.
몸무게	약 5g
몸길이	4~5cm

서식지: 일본, 한국

스페셜 배틀   홍코너

사냥감을 찾아 떠돌아다니는 육식 군단
군대개미
Army ant

★ 성인 남성과의 비교 ★

파워 / 공격력 / 순발력 / 난폭성 / 지능 / 방어력

한곳에 집을 짓고 사는 보통의 개미와 달리 군대개미는 매일 다른 곳으로 이동하며 생활한다. 군대처럼 대열을 맞춰 다니는 게 특징이다. 사냥감을 만나면 수많은 군대개미가 달려들어 죽인다. 건너기 힘든 곳은 수많은 군대개미들이 서로 끌어안아 다리를 만들어서 건널 수 있게 한다.

분류	곤충류＞벌목＞개밋과＞군대개미속
식성	육식(곤충, 파충류, 포유류 등)
무기	강력한 턱, 독침
습성	새끼를 기르는 동안에는 특히 사납다.
몸무게	1~2g
몸길이	1.5~2cm

서식지 아메리카 열대 우림

141

곤충 단체전

START!
장수말벌, 공중 공격 개시!
장수말벌 무리가 공중에서 군대개미의 행렬을 보고 있다. 군대개미의 숫자가 훨씬 많지만 전혀 겁먹지 않고 군대개미를 습격하기 시작한다.

장수말벌이 공중에서 턱으로 군대개미를 물더니 독침으로 찌른다. 땅에 내려와서 군대개미를 공격하는 장수말벌도 있다.

두 번째 단체전은 곤충들의 대결이다. 왕지네와의 단독 배틀에서 패했던 장수말벌이 이번 단체전에서는 우승을 노리고 있다. 처음 출전한 군대개미는 군대처럼 대열을 이루어 행진하면서 모든 동물을 사냥하는 무시무시한 곤충이다. 일대일 배틀이라면 몸집이 큰 장수말벌이 유리하겠지만 단체전에서는 승패를 알 수 없다. 참고로 이번 단체전 배틀에서는 출전자 수에 제한을 두지 않고 진행된다.

스페셜 배틀

군대개미, 집단 살육!

장수말벌이 공격해 오자 군대개미의 대열이 흩어졌다. 하지만 군대개미도 곧바로 반격을 시작한다.
1마리의 장수말벌에 군대개미 여러 마리가 달라붙어 일제히 물어뜯고 독침을 쏜다.

군대개미에게 붙들려 날아가지 못하게 된 장수말벌! 희생자는 계속 늘어나고, 겨우 살아난 장수말벌은 두려움에 휩싸여 도망가 버린다.

엄청난 공격에 병력으로 성공하다!

공격 포인트! 압도적인 병력

군대개미는 몸집이 작아도 수적으로는 장수말벌보다 우세하다. 모두가 습격해서 공격력을 최대치로 높인 것이다.

장수말벌은 말벌집 하나에 약 1,000마리가 살지만, 군대개미는 수십 만 마리가 무리지어 산다. 각 무리의 숫자 차이가 승패를 좌우했다고 할 수 있다.

WINNER: 군대개미

스페셜 배틀 평가

특수 능력전과 단체전이 펼쳐진 스페셜 배틀! 정식 토너먼트 배틀은 아니었지만, 출전 동물들의 공격력과 특징을 엿볼 수 있는 대결이었다.

작은 차이가 승패를 결정한다!

전기뱀장어와 키로넥스플렉케리는 둘 다 강력한 특수 능력을 가지고 있다. 그래서 먼저 공격을 받은 쪽이 전투 불능 상태가 되어 불리했던 것이다.
평소에는 무리 지어 1마리의 사냥감을 추적하는 점박이하이에나와 회색늑대! 이번에는 무리 대 무리의 대결이었기 때문에 색다른 작전이 필요했다.
군대개미는 체격의 차이를 숫자의 힘으로 역전! '뭉치면 산다!'는 말이 자연계에서도 통함을 보여 주었다.

회색늑대가 점박이하이에나를 먼저 포위하고 협동 공격을 펼친 것이 승패를 좌우했다.

전기뱀장어는 강력한 독침 공격을 고압 전기로 반격해 키로넥스플렉케리의 숨통을 끊어 버렸다.

군대개미는 힘센 장수말벌과의 대결에서 수적 우월함을 내세워 승리할 수 있었다.

스페셜 배틀 승자

전기뱀장어　회색늑대
군대개미

최강 동물왕 배틀

결승전

육지왕 결승전

청코너	배틀 VS 146~147p	홍코너
아프리카코끼리		사자

수중왕 결승전

청코너	배틀 VS 148~149p	홍코너
범고래		바다악어

곤충왕 결승전

청코너	배틀 VS 150~151p	홍코너
대왕귀뚜라미		왕넓적사슴벌레

돌발 파이터전이라는 예외의 배틀이 있었지만, 결승전까지 올라온 동물들의 실력에는 의심의 여지가 없다. 그러나 토너먼트 배틀에서 두 영웅이 존재할 수는 없는 법! 아무리 강자들의 대결이라고 해도 최후에 승자는 단 한 마리뿐이다. 육지왕, 수중왕, 곤충왕의 자리는 과연 누가 차지하게 될 것인가?

청코너 **아프리카코끼리** ★★★★★★★★★ **결승전**

드디어 최강 동물왕을 결정하는 결승전이 되었다. 첫 번째 배틀은 육지왕 결정전! 아프리카코끼리는 알래스카불곰, 기린, 라텔과의 배틀에서 승리했다. 그리고 사자는 마운틴고릴라, 코모도왕도마뱀, 검독수리를 물리치고 올라왔다. 지상 최대의 체격과 파워를 자랑하는 아프리카코끼리 대 압도적인 공격력을 자랑하는 사자의 대결! 과연 최강 육지왕 타이틀은 둘 중 어느 쪽이 차지하게 될까?

START!

아프리카코끼리, 빠르게 돌진!
아프리카코끼리와 사자가 대치하고 있다. 이빨을 드러내며 위협하는 사자를 향해 아프리카코끼리가 먼저 돌진한다.

무시무시한 돌진에 놀란 사자는 몸을 돌려 슬쩍 후퇴한다. 그 모습을 본 아프리카코끼리도 돌진을 멈추고 유유히 제자리로 돌아간다.

사자, 기습 공격!
제자리로 돌아가는 아프리카코끼리의 뒤를 사자가 조용히 쫓아간다. 그리고 갑자기 아프리카코끼리의 엉덩이를 거칠게 물더니, 발톱을 세워 아프리카코끼리의 엉덩이 위에 올라앉는다.

육지왕 토너먼트 — 사자 홍코너

POWER UP!

아프리카코끼리, 반격 개시!
아프리카코끼리는 엉덩이 위에 올라탄 사자가 신경 쓰이는지, 우렁차게 포효하더니 엉덩이를 흔들어 사자를 떨어뜨린다.

짓밟기 공격을 겨우 피하다!
아프리카코끼리는 사자를 짓밟으려고 앞다리 2개를 들어올린다. 짓밟기 공격을 당하기 직전 아슬아슬하게 몸을 피한 사자는 재빨리 도망간다.

실제 아프리카에서는 사자가 코끼리를 잡아먹는 일도 있다. 그러나 그것은 사자가 무리 지어 코끼리 1마리를 습격할 때의 이야기이다. 일대일 싸움에서는 사자가 이길 가능성이 없으므로 아프리카코끼리가 최강 육지왕이 되었다.

공격 포인트! 무적의 짓밟기
아프리카코끼리의 최대 무기는 몸무게와 파워! 무게와 파워를 실은 짓밟기 공격을 당하면 어떤 동물도 살아남을 수 없다.

아프리카코끼리

청코너 범고래 — 결승전

결승전 두 번째 배틀은 수중왕 결정전이다. 청코너에는 외뿔고래, 향유고래, 북극곰을 쓰러뜨리고 올라온 범고래가 출전한다. 이에 대항하는 홍코너에는 바다악어가 출전한다. 바다악어는 육지왕 예선 ❶라운드에서 악어거북을 이긴 후 사라졌다가 수중왕 준결승전에 뛰어들어 백상아리를 꺾고 올라왔다. 바다의 킬러, 범고래와 강력한 돌발 파이터, 바다악어 중 진정한 수중왕은 누구일까?

START!

바다악어, 죽음의 데스롤!
범고래의 거대한 몸을 본 바다악어는 겁에 질려 범고래로부터 도망친다. 하지만 범고래가 곧장 바다악어를 쫓아가 꼬리 끝을 물어 버린다.

화가 난 바다악어가 몸을 뒤집더니 범고래의 꼬리지느러미를 문다. 그리고 죽음의 데스롤을 시작하는데……. 과연 범고래의 꼬리지느러미는 무사할 수 있을까?

범고래, 몸부림치며 점프!
바다악어의 데스롤 공격으로부터 벗어나기 위해 범고래가 몸을 비틀어 수면 위로 점프한다. 그 무시무시한 기세에 바다악어가 나가떨어진다.

| 수중왕 토너먼트 | 바다악어 홍코너 |

범고래, 엄니로 반격!

범고래는 온몸에 살기를 품고 바다악어의 옆구리를 거칠게 문다. 바다악어가 벗어나려고 몸부림을 치지만 범고래는 옆구리를 문 채 떨어지지 않는다.

범고래가 바다악어를 물고 상하좌우로 휙휙 돌린다. 그럴수록 범고래의 엄니가 바다악어의 피부 깊숙이 파고든다. 바다악어는 피를 심하게 흘리다가 죽음을 맞이한다.

킬러의 본능을 살려 공격하다!

공격 포인트!
킬러 범고래의 괴력

범고래가 바다악어를 물어 휘두르자, 범고래의 엄니가 바다악어의 살을 찢었다.

바다악어가 범고래의 꼬리지느러미를 물었을 때까지만 해도 승부를 예측할 수 없었다. 그러나 범고래가 살기를 품고 반격을 가하기 시작했을 때부터 전세는 기울기 시작했다. 결국 수중왕의 영광은 범고래에게 돌아갔다.

범고래

청코너 **대왕귀뚜라미** ★★★★★★★★★★★ 결승전

결승전 마지막 배틀, 곤충왕 결정전에서는 대왕귀뚜라미와 왕넓적사슴벌레가 대결한다. 양측 모두 건장한 몸과 강한 파워를 자랑하기 때문에 승부를 결정지을 주요 무기는 턱이 될 것이다. 사냥감을 물어 잘게 씹는 대왕귀뚜라미의 턱이 강할까, 사냥감을 졸라 죽이는 왕넓적사슴벌레의 큰턱이 강할까? 대결의 결과를 지켜보자.

START!

왕넓적사슴벌레, 메치기 기술!
왕넓적사슴벌레가 큰턱을 이용해 메치기 기술을 선보인다. 하지만 대왕귀뚜라미는 전혀 기가 죽지 않는다.

대왕귀뚜라미가 왕넓적사슴벌레의 몸을 다리로 힘껏 누른다. 그러자 왕넓적사슴벌레의 고개가 뒤로 젖혀지면서 몸이 뒤집힌다.

대왕귀뚜라미, 물어뜯기 공격!
왕넓적사슴벌레가 큰 위기에 빠진 순간이다. 대왕귀뚜라미가 왕넓적사슴벌레의 몸 위에 올라앉더니, 강력한 턱으로 발 1개를 물어뜯는다.

곤충왕 토너먼트 ★★★★★★ 왕넓적사슴벌레 홍코너

 **왕넓적사슴벌레, 역전 성공!**

왕넓적사슴벌레는 발을 펄떡거려 대왕귀뚜라미를 떨쳐 내는 데 성공한다. 그리고 몸을 일으켜 큰턱에 대왕귀뚜라미를 끼운다.

왕넓적사슴벌레가 큰턱으로 대왕귀뚜라미를 세게 조른다. 대왕귀뚜라미도 턱으로 왕넓적사슴벌레의 머리 부분을 물려고 하지만 실패하고 결국 목숨을 잃는다.

큰턱 공격으로 역전에 성공하다!

공격 포인트!
죽음을 부르는 큰턱

왕넓적사슴벌레의 큰턱에서 나오는 강력한 파워가 대왕귀뚜라미를 죽음으로 몰았다.

대왕귀뚜라미도 왕넓적사슴벌레에게 중상을 입혀, 육식 곤충으로서의 힘을 드러내며 잘 싸웠다. 그러나 최후에는 왕넓적사슴벌레가 큰턱의 힘을 발휘해서 곤충왕의 자리를 차지했다.

 **왕넓적사슴벌레**

청코너 | **멸종 동물**

큰 엄니를 가진 고대의 거대 동물
매머드
Mammoth

★ 성인 남성과의 비교 ★

매머드는 코끼리만큼 큰 몸집에 뿔처럼 길게 뻗은 2개의 상아(엄니)를 가지고 있다. 온몸에는 빙하기의 극심한 추위를 견딜 수 있도록 털이 뒤덮여 있다. 매머드 중에서도 최대급인 스텝매머드는 긴 엄니와 큰 몸집이 특징이다. 매머드는 기후 변화로 인한 먹이 부족, 인간의 사냥 등으로 멸종했다고 전해진다.

파워 / 공격력 / 순발력 / 난폭성 / 지능 / 방어력

분류	포유류>장비목>코끼리과
식성	초식(식물로 추정)
무기	거대한 몸집, 길고 딱딱한 엄니
습성	알려지지 않았다.
몸무게	20,000kg(추정)
몸길이	약 4.5m(추정)

서식지: 빙하기의 영국과 독일

스페셜 배틀 | **청코너**

고대 최강의 폭군 도마뱀

티라노사우루스
Tyrannosaurus

★ 성인 남성과의 비교 ★

티라노사우루스는 머리가 크고 무는 힘이 악어의 9배 이상으로 추정된다. 후각이 매우 발달해 주로 냄새를 맡아 사냥을 하며, 튼튼한 뒷다리와 꼬리를 이용해 빠르게 달릴 수도 있다. 다른 공룡의 뼈를 쪼갤 정도로 강력한 이빨을 가지고 있으며 자신보다 몸집이 큰 공룡도 덮쳐서 먹어 치운다.

파워 / 공격력 / 순발력 / 난폭성 / 지능 / 방어력

분류	파충류>용반목>티라노사우루스과
식성	육식(주로 다른 공룡으로 추정)
무기	사냥감의 뼈를 부수고 쪼개는 턱
습성	사납고 무섭다.
몸무게	7,000kg(추정)
몸길이	약 15m(추정)
서식지	백악기의 북아메리카 서부

155

| 청코너 매머드 | 거대 동물전 |

START!
아프리카코끼리, 맹렬하게 돌진!

자신보다 몸집이 큰 동물을 처음 본 아프리카코끼리! 코를 높이 들어올리며 적을 위협한다. 그러나 매머드는 아프리카코끼리를 몸집이 작은 매머드라고 생각하는지 아무런 반응을 보이지 않는다.

옆구리를 향해 돌진하다!

아프리카코끼리는 천천히 매머드의 옆으로 다가간다 그리고 재빠르게 돌진해서 매머드의 옆구리를 공격한다.

최강 육지왕의 자리를 두고 대결했던 아프리카코끼리와 사자는 현재의 육지 동물 중에서 최강 동물로 꼽힌다. 만약 현재의 최강 동물과 멸종된 동물 중의 최강 동물이 맞붙는다면 어떤 결과가 나올까? 그 궁금증을 해결하기 위해 멸종 동물과의 배틀을 재현해 보았다. 먼저, 거대 동물들의 싸움이다. 현재의 거대 동물 대표로 아프리카코끼리가, 빙하 시대의 거대 동물 대표로 매머드가 출전한다.

스페셜 배틀 — 아프리카코끼리 홍코너

매머드, 긴 엄니로 반격!

아프리카코끼리를 대수롭지 않게 여기던 매머드도 공격을 받자 폭발하고 만다. 매머드의 거대한 엄니가 아프리카코끼리의 얼굴을 향해 돌진한다. 아프리카코끼리는 자신의 엄니보다 훨씬 큰 엄니 공격에 당황한다.

매머드의 엄니가 아프리카코끼리의 얼굴을 찌른다. 아프리카코끼리는 고통을 참지 못하고 도망가 버린다.

강력한 엄니 공격으로 최강 육지왕인 아프리카코끼리를 한 방에 무너뜨린 매머드! 빙하 시대 최대의 엄니를 자랑하는 매머드가 아프리카코끼리보다 한 수 위라는 것이 증명되는 배틀이었다.

공격 포인트!
빙하 시대 최대의 엄니

매머드의 엄니는 아프리카코끼리의 엄니보다 몇 배나 크고 강하다.

WINNER: 매머드

| 청코너 티라노사우루스 | 최고 포식자전 |

이번 배틀은 최고 포식자전이다. 청코너에는 동물의 왕 사자가 출전하고, 홍코너에는 공룡 시대 최강 공룡인 티라노사우루스가 출전한다. 육식 공룡인 티라노사우루스는 몸무게가 사자의 몇 십 배나 되고 성격도 매우 사납다. 하지만 무기는 큰턱과 엄니뿐이며 사자에게 있는 날카로운 발톱은 없다. 사자가 자신의 주 무기인 날카로운 발톱을 잘 이용하면 승리할 수도 있을 것이다.

START!

사자, 강력한 펀치 공격!
티라노사우루스는 사냥감을 발견하고 천천히 다가간다. 그리고 처음 보는 사냥감에 코를 대고 킁킁거리며 냄새를 맡는다. 사자는 몸을 낮춰 천천히 후퇴한다.

이빨을 드러내며 위협하다!

사자는 기대힌 적을 향해 이빨을 드러내며 위협한다. 그러다가 티라노사우루스의 코에 강렬한 펀치를 날린다.

| 스페셜 배틀 | 사자 홍코너 |

POWER UP!

티라노사우루스, 무자비한 공격!

티라노사우루스의 코에 피가 흐른다. 사자가 이번에는 재빠른 움직임으로 티라노사우루스의 발을 거칠게 문다. 하지만 티라노사우루스는 발을 세차게 흔들어 사자를 던져 버린다.

나가떨어진 사자를 향해 티라노사우루스가 성큼성큼 다가간다. 그리고 큰 입을 벌려 사자의 머리를 물더니 통째로 삼켜 버린다.

동물의 왕 사자가 티라노사우루스의 사냥감이 되었다. 하지만 거대하고 사나운 티라노사우루스를 상대로 열심히 싸워 준 사자에게 박수를 보낸다. 만약 사자에게 맹독과 같은 무기가 있었다면 이길 수 있지 않았을까?

공격 포인트!
뼈째 부숴 버리는 최강의 턱!

티라노사우루스는 사냥감을 한입에 삼켜 강력한 턱과 엄니로 뼈를 부숴 버린다.

WINNER 티라노사우루스

색 인

최강 육지왕 토너먼트

동물명	쪽수
갈기산미치광이	39, 40, 41
검독수리	47, 48, 49, 70, 71, 116, 117
기린	19, 20, 21, 62, 63
라텔	64, 66, 67, 114, 115
마운틴고릴라	43, 44, 45
바다악어	26, 28, 29, 124, 125, 148, 149
북극곰	50, 52, 53, 120, 121
사자	42, 44, 45, 68, 69, 116, 117, 146, 147, 158, 159
수리부엉이	34, 36, 37
시베리아호랑이	51, 52, 53
아나콘다	38, 40, 41
아메리카들소	31, 32, 33, 65, 66, 67
아프리카코끼리	22, 24, 25, 62, 63, 114, 115, 146, 147, 156, 157
악어거북	27, 28, 29
알래스카불곰	23, 24, 25
줄무늬스컹크	54, 56, 57
코모도왕도마뱀	35, 36, 37, 68, 69
큰화식조	55, 56, 57, 70, 71
킹코브라	46, 48, 49
하마	30, 32, 33
흰코뿔소	18, 20, 21

최강 수중왕 토너먼트

동물명	쪽수
곰치	87, 88, 89
대왕오징어	75, 76, 77
레오파드바다표범	86, 88, 89, 122, 123
바다코끼리	82, 84, 85
백상아리	83, 84, 85, 122, 123, 124, 125
범고래	79, 80, 81, 118, 119, 120, 121, 148, 149
외뿔고래	78, 80, 81
향유고래	74, 76, 77, 118, 119

최강 곤충왕 토너먼트

동물명	쪽수
대왕귀뚜라미	98, 100, 101, 126, 127, 150, 151
데스스토커	102, 104, 105, 128, 129
디노포네라기간티	99, 100, 101
브라질떠돌이거미	103, 104, 105
왕넓적사슴벌레	107, 108, 109, 128, 129, 150, 151
왕사마귀	106, 108, 109
왕지네	95, 96, 97, 126, 127
장수말벌	94, 96, 97, 140, 142, 143

스페셜 배틀

동물명	쪽수
군대개미	141, 142, 143
매머드	154, 156, 157
전기뱀장어	132, 134, 135
점박이하이에나	136, 138, 139
키로넥스플렉케리	133, 134, 135
티라노사우루스	155, 158, 159
회색늑대	137, 138, 139